Marcel Jouhandeau

Die geheime Reise

Erstmals auf Deutsch und
zusammen mit dem
Reisetagebuch von 1941

*herausgegeben und aus
dem Französischen übersetzt
von Oliver Lubrich*

das vergessene buch

1. Auflage 2022
Das vergessene Buch | www.dvb-verlag.at

Printed in Germany

FSC
www.fsc.org
MIX
Papier | Fördert
gute Waldnutzung
FSC® C083411

Umschlaggestaltung: Lukas Spreitzer, Wien
Satz: Kevin Mitrega, Schriftloesung
Druck und Bindung: CPI books, Ulm

ISBN 978-3-903244-22-1

Inhalt

Die geheime Reise

Élise fürchtet sich vor ihrem Haus ohne mich. Wie jedes Mal, wenn ich fortgehe:

»Es ist schon genug«, sagt sie, »dass du nicht mehr da bist. Aber käme ich zurück, nachdem ich dich zum Bahnhof gebracht habe, und fände hier Unordnung vor, wäre ich sehr unglücklich.«

Warum sollte ich es ihr verübeln, dass sie mich im letzten Augenblick offenbar vergisst und sich um ihren Haushalt sorgt? Sie kränkt mich damit keineswegs, sie verrät mir nur die Verwirrung, in der meine Abwesenheit sie zurücklässt. Wer von uns beiden ist treu?

Im Zug die ersten Begegnungen:

X., noch ein Unbekannter, teilt mit mir die Kabine, er schläft über mir.

Ich möchte X. sagen, dass ich sein Freund bin. Sobald ich mit jemandem in gesenkter Stimme gesprochen habe, fühle ich mich freier mit ihm und mit mir selbst.

In einem Kellergewölbe sitze ich zwischen X. und H.

Ich sage zu X.:

»Sie sind mein Bruder.«

H.: »Sie ehren ihn sehr.«

»Aber auch Sie, Jean, sind mein Bruder.«

Als wir Arm in Arm hinausgehen, sehen wir im Licht des Mondes unsere drei Schatten.

X.: »Das sind doch die drei …«

X. versteht dieses Wort nicht wie alle Welt, darauf wette ich. Er missbraucht es nicht.

Oh, dreigestaltige Hekate!

Für Augenblicke spüre ich, wie ich mit X. und H. auf die Ebene einer zauberhaften Vertrautheit gleite.

Noch nie erschien meine Einsamkeit mir so groß, ohne dass sie mir etwas von meiner Geselligkeit genommen hätte. Das heißt, ich bringe mir bei, mich unter den anderen zu bewegen, ohne etwas von mir selbst aufzugeben. Diese Gewandtheit ist sehr nützlich. Sie ähnelt jener des Schwimmers im Wasser oder des Heiligen im Licht der Gnade. Ich hätte nicht gedacht, dass sie mir erlaubt sei.

Was für eine Freude, gegen jedermann, gegen sich selbst frei von Vorurteilen zu sein, einfach, behutsam!

Meine Sinnlichkeit beherrsche ich mühelos, gelegentlich schlägt sie aus, aber sie wirft mich nicht aus dem Sattel. Ich bin Herr über mein Pferd.

Ich unterhalte mich mit H. und sage: »Die Bücher sind unsere besten Freunde.«

»Und wir?«, ruft er empört. Und zeigt mit dem Finger auf X. und auf sich.

Ist das eine Falle? Offenbar bin ich in ihr gefangen.

Ich weiß, man kann gewisse Verwirrungen spüren, ohne es sich einzugestehen. Ich weiß, man kann sich sagen, man sei verwirrt, oder glauben, man sei es, und es ist nicht wahr. Man täuscht sich, oder man gibt es vor.

Manchmal jedoch, wenn ich eine seiner Hände über einen Tisch wandern sehe oder sie sich an einer Lehne festhält, wie ein Vogel, der sich niederlässt und einschläft, möchte ich sie ergreifen, aber damit würde ich jemanden aufwecken.

Die großen Dinge, die in mir vor sich gehen, sind eigentlich klein. Wüsste man davon, würde man mich zwischen zwei Matratzen ersticken, gleich jenen, die ein tollwütiger Hund gebissen hat. Aber solange ich der Einzige bin, der meine Verwirrung kennt, bin ich nicht ganz verloren.

Als X. heute Abend mit unserem Freund H. so leichtfertig über mich sprach, vielleicht um mich auf die Probe zu stellen, stand ich jäh auf, meiner Schüchternheit zum Trotz, um wegzugehen, irgendwohin, wie ein Baum, den ein Blitz entwurzelt und weit fortschleudert. Alle konnten merken, dass ich außer mir war.

Was macht es schon, dass ich leide und durch wen ich leide! Dieses Drama betrifft nur die Chimären, die sich tief in meinem Herzen eingenistet haben.

Ich sage zu X.:

»Monster.«

F., der es gehört hat, sagt wie im Traum:

»Siehe da, die Sprache Racines.«

Mögliche Begriffsbestimmung:

»Monster nenne ich ein Wesen, das imstande ist, Worte auszusprechen, welche die Einbildungskraft irreführen, und dann so tut, als habe es nichts gesagt.«

Als mich im Dunkeln ein Unbekannter am Arm fasst, schreit X., der vor uns an der Kreuzung aufgetaucht ist, mich an:

»Sagen Sie noch einmal, dass ich ein Monster bin?«

Koketterie natürlich. Eifersucht womöglich?

Heute Abend ging ich in das Zimmer, das X. und H. teilen, und wir lasen dort ein Gedicht über die Mutter von Jean, die in seiner Abwesenheit starb.

Herr, werde ich mich nicht erheben? Werde ich stets auf mich selbst zurückfallen, auf die Seite, wo ich mein Herz zu stark pochen fühle, so stark, dass es mich betäubt? Werde ich mich nicht aufrichten, um ihm Raum zu geben, damit es sich entspannen kann? Reiche mir die Hand.

X. sagt zu mir: »Wahrscheinlich müssen Sie noch einmal durch das Chaos hindurch und die Ordnung wiederherstellen.«

Was meint er damit?

Mein einziger Sieg: dass ich in jeder Sekunde durchs Feuer gehe und mein Lächeln nicht verliere, dem nichts etwas anhaben kann.

Warum bin ich nicht längst geheilt? So oft schon litt ich die gleichen Qualen: Verletzung, Tod, Grablegung, Auferstehung. Wozu noch einmal diesen Trauerzyklus des Adonis durchlaufen? Bin ich nicht zur Genüge mein eigener Schatten geworden, mein eigenes Gespenst, mein Phantom?

Die Hartnäckigkeit, mit der ich stets den Anschein erwecken will, auf die Welt und in der Welt auf Meinesgleichen einzugehen, bewegt mich. Kann ich glauben, dass ich noch so kühl dazu fähig sei, oder täusche ich mich? Längst habe ich die vorgesehenen Grenzen überschritten, und ich bewege mich in besonderen Zwischenräumen, zu denen die gewöhnlichen Lebenden keinen Zugang haben. Es wäre Poesie, würde es nicht etwas noch Selteneres sein.

Traue nicht mehr den Worten; ihr Gewicht, ihre Schwerkraft hat nichts mehr zu tun mit der deiner Gefühle, die so luftig sind, so frei von Hemmnissen; ihre Bedeutung hat nichts mehr zu tun mit deinem Denken. Entwirf eine neue Sprache, damit man dich nie ganz verstehe.

Der Kreis, in den du eingetreten bist, hat keinen Namen, den man kennt, aber wirst du deinem Abenteuer gewachsen sein?

Beim Abendessen beobachte ich meine Nachbarn und spüre, dass ich für einen Augenblick (wesenhaft) unsichtbar bin, oder verraten mich die Flammen, die mich umgeben? Wo bin ich? Die wissen es nicht, die meinen, ich sei hier, ganz und gar, voll und ganz, ich nähme teil.

Was für ein Abgrund zu allen Seiten von mir!

Die andere Welt bewacht mich, schließt mich aus, sondert mich ab. Wie viele Drachen, wie viele Cherubim muss meine Hand vertreiben, damit sie mein Glas oder mein Brot nehmen kann, und all das Unendliche, das ich in Bewegung setze, um es an meine Lippen zu führen. Eine riesige Anstrengung! Man erweckt, noch zu leben, nicht besser den Anschein, man ahmt alle Gesten der Lebenden, die mich nichts mehr angehen, nicht tragischer nach, man spricht all die Worte, die in beliebiger Lage erforderlich sind, nicht aufrichtiger aus, wenn ich jenseits des Todes, in der Unterwelt, wirklich nur noch etwas gemein habe mit der finsteren Bewegung der Schatten.

Brauche vielleicht sein Blut für einen bösen Zauber.

Der Ekel entsteht manchmal aus einem Übermaß an Begehren, der Tod aus einem Übermaß an Leben.

Oh, heilsame Hässlichkeit! Nicht die Schönheit spiegelte sich in meiner Seele, sondern ihr verunstaltetes Abbild, und ich besaß keinerlei Anmut mehr. Endlich bin ich ernüchtert. Ich sehe mich, wie ich bin, und ich sehe X., wie er ist.

Ich hatte mich verkannt, und bei solchen Dingen ist man gerettet, sobald man feststellt, dass man sich verkannt hat. Nur wer gesehen hat, wie man sich verkennt, verkennt einen. Dieser Irrtum ist eine Sünde. Dass man ihn die ganze Zeit nicht bemerkt, ist etwas anderes, das ist die Leidenschaft. Man liebt die Schönheit, wo sie nicht ist.

Sind wir zusammen? Ich sehe ihn nicht mehr. Gerade da wir uns trennen, finde ich ihn, entdecke ich ihn, ohne Maske, aber, mein Gott, wie herrlich war die Maske!

Ist es die Hässlichkeit, nein, die Schönheit ist es, die mich beschützt? Alles andere als sie lehne ich ab. Ohne sie fühlte ich mich dermaßen benachteiligt, dass ich die nötige innere Anstrengung aufbrachte, sogleich mein Reich zurückzuerlangen, welches das ihre ist.

Habe ich eine einzige Geste gezeigt, habe ich ein Wort gesagt, das mich vor mir selbst entehrt? Plötzlich umhüllte mich die Nacht, sie drang mir ins Mark, schläferte mich ein, begrub mich für immer in Vergessenheit, fern aller Herrlichkeit. Ich hätte vergeblich das Licht gesucht, für mich gab es keines mehr, nirgendwo.

Ich kämpfte gegen ein Meer und einen Himmel von Finsternis, und ich zerstreute mit meinen Händen die Hölle. Oh, Frieden! Oh, mildes Licht! Ich kenne nicht mehr den Schatten einer Wolke, weder Mitleid noch

Tränen, und aus meiner Grausamkeit, meiner Härte, meiner Gewalt gegen mich selbst entsteht meine Sanftheit.

Sogar F., du, F., armer sechster Buchstabe des Alphabets, F., wer hätte gedacht, dass du an meiner Erlösung Anteil hattest! Dass die Vorsehung es nicht verschmäht hat, sich deiner zu bedienen als ihres Engels an meiner Seite, um mir zu Hilfe zu kommen!

Heute Abend zeigt mir F. schlicht und einfach M. und sagt:

»Sehen Sie nicht, wohin seine Neigung geht?«

Genau so, als hätte er einen Spiegel genommen, um mich mir selbst zu zeigen. So genau, dass ich mich frage, ob F. nicht das Spielzeug meiner Wahnvorstellungen war und Opfer der Täuschung des Himmels, der für F. all das auf M. projizierte, was sich in mir abspielte, denn es war keineswegs M., der diese Neigung hatte, sondern ich. Sofort begann ich, mich wieder aufzurichten.

Ich will solches Elend nicht mehr. Wie konnte ich es ertragen? Man lässt sich vom Nichts ablenken, man lässt sich vom Teufel etwas vormachen, und plötzlich erkennt man ihn an der Wegbiegung an seinem Lachen als das, was er ist; man begreift das Elend seines Gefährten. Ist es möglich, dass ich mich mit ihm eingelassen, mit ihm in Gefahr gebracht habe? Man ertappt sich in der Schande, und die Scham steigt einem ins Gesicht. Oh, Schmerz der ersten Minute der Einsamkeit, wenn der Freund einen verlässt, ohne es zu wissen, wer er auch sei; man gibt ihn frei, und plötzlich niemand mehr, mit dem man reden kann, niemand mehr, den man Tag und Nacht betrachtet. Aber welchen Raum hatte das »Monster« bereits besetzt, dass es in mir und um mich herum eine solche Leere zurückließ! Als hätte es Raum und Zeit nur durch ihn und für ihn gegeben, als wäre er für mich der Ewige (Bezugspunkt) oder die Sonne, mein eigener Ewiger oder meine persönliche Sonne. In seiner Gegenwart habe ich nicht mehr zwischen Nacht und Tag unterschieden. Ohne ihn bin ich nur Finsternis und Ödnis, ohne jede Hoffnung auf Morgenröte und Gedeihen.

Ach! Alles, was ich an Gutem, an Großem zu tun glaubte, hat keinen Sinn, keinen Wert mehr. Es gibt nichts Reines, Selbstloses, Wahres mehr. Ich glaubte, meine Pflicht zu lieben, und ich liebte X. Ich glaubte, aufrecht meines Weges zu gehen, und jeder sah, dass ich mich X. zuneigte. Nichts Edles ziert mehr meinen Gang und meine Haltung, und Lächerlichkeit zeichnet meine Stirn. Man bildete sich ein, sich wie ein Engel oder ein Gott zu verhalten, und vor aller Augen keuchte in mir das Tier. Offenbar musste ich diese Verwirrung, dieses Chaos erleben, um, wie es gesagt wurde, zu meinem Gesetz zurückzufinden.

Jetzt ist die Ordnung wiederhergestellt, aber vielleicht habe ich mich nur beruhigt, weil die Sonne sich für einen Augenblick verdunkelt hat. Ich fand X. heute Morgen sehr hässlich. Danke.

Das Monster spricht gelegentlich. Gerade hat es gesagt:

»Ich glaube, heute Abend werde ich eine Unbesonnenheit begehen.«

Das ist unsere Sprache, denn wir haben eine eigene Sprache, deren Symbole geheim sind.

Aber warum ist mein Gang fester, was auch immer geschieht, und mein Blick klarer? Ich bin nicht mehr so leicht zu verwirren.

Zweites Wort des Monsters heute:

Als man immer wieder vorbeikommt und zu uns herübersieht, fragt jemand: »Warum gehen die Leute hier auf und ab?«

X.: »Sie kommen, um das Monster zu sehen.«

Nur wenn man sich einem Gefühl oder einem Gedanken ganz hingegeben hat, beginnt die Größe.

Ich versuche, meinen Heimatverlust zu begreifen.

Plötzlich hat nichts mehr Bedeutung für mich, wieder einmal, mit Ausnahme von X.

Und natürlich, würde es den Verstand nicht geben, wäre alles verloren.

Und genauso gut ist alles verloren, weil es den Verstand gibt, und um seinetwillen entsage ich X., der mir alles bedeutet.

Also Zuflucht im ewigen Eis.

Zu X., im Beisein von H.:

»Sie wissen um Ihre Reize. H. kennt die seinen nicht.«

Im selben Augenblick erzählt zufällig jemand, der mit unserem Gespräch nichts zu tun hat, wie H. als Kind im Schultheater einen Engel spielte, der von Gott auserkoren war, das Urteil der Verdammnis über Satan zu verkünden; aber im letzten Moment vom Text abwich, aus der Rolle fiel und sich weigerte zu verfluchen, und der Erfolg des Stückes wurde keineswegs beeinträchtigt, sondern durch einen so unerwarteten Ausgang gesteigert.

Ich sage zu X.:

»Kennen Sie schon die Geschichte von jener Träne Jesu, die auf Luzifers Stirn fiel, um ihn zu erfrischen?«

X. ist mein Eloah.

Man ist immer mehr oder weniger die Sonne für jemanden. Ein seltenes Vorrecht, zu blenden. Man geht vorüber, und ob man hinsieht oder wegschaut, man gibt Licht oder nimmt es. Man vermeide vor allem die geringste Gleichgültigkeit oder Ironie gegenüber denen, die man beleuchtet, so unbedeutend und demütig sie auch sein mögen, und wenn man sie im Vorbeigehen versengt, hüte man sich davor, deshalb hochmütig zu werden und sie im Finsteren zurückzulassen, ohne diesen einen Tag des Glücks zu preisen, den sie erlebt haben werden und den sie uns ewig verdanken.

Welche Ehre für X. sind unsere Einöden! Gewiss beschäftigt man sich in der Verzweiflung ständig mit ihm, und mehr verlangt die Leidenschaft nicht.

Welche Ehre für Gott ist die Hölle! Gewiss beschäftigt man sich in der Gehenna ständig mit Ihm, und mehr verlangt die Religion nicht.

Was ich (zu X.) sagen könnte und was ich niemals sagen werde? Mich in Finsternis und in Schweigen hüllen, mir vor allem den Gebrauch bestimmter Worte untersagen, die er mit größter Ungeduld hören möchte. Ist einmal alles ausgesprochen, verliert man das Interesse an sich selbst und aneinander.

Weiß ich denn überhaupt, was ich von mir mit ihm will, was ich von ihm mit mir will?

Ein Wort vermag viel schneller, die Unruhe zu mildern und die Verwirrung aufzuheben, als sie zu verstärken.

Gut schreibt man nur, wenn man sich auf das Wesentliche einlässt, nur auf das Ungesagte. Man hüte sich davor, die banale Verlockung eines beliebigen Begriffs anzunehmen, der weder passend noch richtig ist, der Verführung eines Adjektivs nicht zu widerstehen, dessen schale Koketterie man durchschaut hat. Die Wörter haben ihre Bühne, sie üben ihre Verführung aus.

Es liegt an uns, uns zu wehren. Gefühle setzen uns denselben Gefahren aus wie Wörter. Es genügt eine Sekunde der Unachtsamkeit, und im besten Herzen wird alles verdorben, die edelste Leidenschaft strauchelt, besudelt sich mit Gewöhnlichkeit oder Langeweile.

Die Leidenschaft ist kein gänzlicher Irrweg, solange man sie lenkt, sie beherrscht, sich nicht verliert. Sie steigert die Aufmerksamkeit, öffnet die Augen für Horizonte, die man nicht einmal erahnt haben würde, hätte ihr Leuchten nicht gewisse Schatten vertieft. Sie ermöglicht es auch, vieles in uns selbst und um uns herum zu verstehen, das uns entgangen wäre. Platon würde sagen, sie wecke seherische Kräfte in uns, aus ihr entstünden Verzauberung und Verführung; sie löse eine Begeisterung aus, die einer göttlichen Besessenheit gleichkomme. Ihr ist es zu verdanken, dass die Lyrik sich unserer Sprache bemächtigt und dass die Worte wild zu tanzen beginnen; sie ist es, die sie um einen einzigen Namen zusammenführt und zerstreut, so wie sich unsere Welt um ein einziges Gestirn bewegt.

Oh, göttliche innere Einheit dieser Reise, sie ist ein unverständliches Gedicht, dessen Doppelsinn, in dem ich meine Geheimnisse verberge, mich entweder berauscht oder beruhigt. Oh, schönes Abenteuer! Ohne X. würde ich weder H. noch R., A. oder Z. kennen, weder seine Heimat noch meine. Ohne X. wäre ich nicht gekommen, aber als ich beschloss, ihm zu folgen, wusste ich nicht, was ich tat. Ich habe es mir erst sehr viel später eingestanden. Hätte ich es geahnt, ich wäre nicht abgereist. Ich brach auf, seine Hand vor meinen Augen.

Hatte ich ihn nicht gewarnt, dass ich nur allein möglich sei? Man hat mich aus meinen wohlbedachten, enggezogenen Grenzen herausgeholt, soll man sich nun eben wundern, dass ich nur meiner fixen Idee folge. Die Gewohnheit, in einer Zelle zu leben, bereitet einen nicht auf die Ordnung der Gesellschaft vor. Sie haben mich aus meinem Rahmen steigen lassen und wollen jetzt nicht zulassen, dass ich mich verhalte wie ein verrückt gewordenes Bild, wie ein überlegener Automat? Will man den Engel oder die betende Figur aus einem Triptychon befreien, um ihn mit aller Welt in Gleichschritt zu bringen: ein nutzloser, vergeblicher, sinnloser Versuch. – Alles lief so gut, wird man mir sagen. – Schade um die Fanfare! Ich habe alles verdorben.

– Hat Ihnen bloß noch gefehlt, dass Sie mich lächerlich machen?

X.: – Ich Sie? Worte sind das eine, Gefühle etwas anderes.

Stets ein Stubenhocker, sogar auf Reisen. Seit unserer Abfahrt habe ich das Gefühl, mich wie die Könige mit meiner Wohnung fortzubewegen. H. und X. machen sie aus. Wenn mir einer von ihnen fehlt, fühle ich mich einsam, verlassen, zerstört. Ich brauche sie beide, einen zu meiner Rechten und einen zu meiner Linken, und ich lerne, innerhalb unserer untrennbaren Gruppe mich zu bewegen, als einer und dreifach.

In S. glaubte ich, verrückt zu werden, als ich plötzlich allein war. Man war aufgebrochen, ohne mir Bescheid zu sagen: Majestätsbeleidigung.

Wir werden die Helden einer großen Dichtung sein. Ich muss nur ihre Form erfinden. Eine Vorstellung davon habe ich schon.

Nun bin ich also wieder bei dir, Paracelsus? Auf welchem Weg? Für wen? Für was? Die Gespenster werden wieder lebendig, sie tanzen ihre Sarabande, und ich weiß nicht, ob ich kränker bin, weil ich sie als zu gegenwärtig empfinde oder weil ich ihrer Gegenwart nicht gewiss bin. Meine Erregung, so scheint mir, genügt ihnen nicht, genügt auch mir nicht; das Drama von heute, das jenes von vor fünfzehn Jahren überdeckt; ich bin schuldig gegenüber meinen Erinnerungen.

Sicher kann niemand meine Hölle oder meinen Himmel ermessen, das sage ich. Bis hierhin habe ich meine Leidenschaft unterhalten. Vor allem von niemandem irgendetwas erwarten, niemals so tun, als würde man von jemandem etwas bekommen. Es genügt mir, dem Schicksal zu trotzen, in Bezug auf ein einziges Wesen, das, ohne es zu wissen, alles ist, was ich sehe, alles, was ich höre, alles, was ich atme, alles, was ich esse, alles, was ich trinke, alles, was ich berühre, und alles, was ich weiß, das mein Schlaf ist und meine Wachheit, meine Unruhe und meine Ruhe; allmählich will ich nichts anderes mehr. Unaufhörlich bewegt »Man« sich um mich herum, ganz dicht bei mir, manchmal wie in mir selbst, immer so nahe und so viel weiter weg, als mir lieb ist, so dass ich nicht weiß, ob ich glücklicher oder unglücklicher bin. Durch diese Abwesenheit und Anwesenheit, die einander abwechseln, verzaubert mich plötzlich alles und quält und beruhigt mich zugleich, als würde ich in jedem Augenblick sterben, weil ich zu sehr lebe, oder als würde ich, wenn ich in jedem Augenblick stürbe, tausend Leben leben oder tausendmal mehr als jeder andere. Unaufhörlich getrieben von den Blitzschlägen meiner Erregung, kehre ich zum Chaos zurück und finde dort im Abbild meiner Erinnerungen oder meiner Wünsche geduldig alsbald jedes Ding wieder, eines nach dem anderen, vom größten bis zum kleinsten, vom notwendigsten bis zum unbedeutendsten; die Schöpfung und der Beifall beginnen von Neuem für mich; inmitten der Wogen entdecke ich mein gelobtes Land, von Sternen gekrönt, sein Firmament, wo über allem eine neue Sonne aufgeht, deren Licht mir das Universum zeigt: Wälder, eure Vögel, Fische, eure Meere. Als X. wie ein staunender Adam spricht: »Na so was!«, möchte ich zum ersten Mal in meinem Leben lachen, ein homerisches Lachen, und als »er« am Horizont des Paradieses auf Erden verschwindet, in der Hand einen Apfel: Zwietracht! Mir entgleitet alles zugleich. Gott ist wieder einmal allein, durch die Schuld des Menschen. Die Leere streift mich, sie umgibt mich wie ein abstraktes Band: die Tränen des Ewigen fließen, mein Geist entrinnt mir ebenso wie meine Substanz.

Der Geist wogt über den Wassern, die Natur und das Übernatürliche versinken in den Katarakten des Abgrunds, wo alles sich bildet, zerfällt und neu entsteht; ich kann nichts anderes erhoffen, als mich endlos darin hin und her zu wälzen, wie in meinem Bett. Vom anfänglichen Nichts zum endgültigen Nichts, über einen Augenblick der Fülle, voller Verlangen, bin ich überwältigt, wenn ich mir vorstelle, dass ich aufgesucht werde, von X. aufgesucht werde, dem gegenwärtigen und letzten und einzigen (und vielleicht nur vorgestellten) Grund, den ich habe, den ich mir ganz frei erschaffen habe, um mich nicht auf ewig einsam zu fühlen.

Die Angewohnheit, göttliche Worte um ein unbewegliches, einmaliges Bild wuchern zu lassen: sie ist ein Wagnis, das auf mein zwölftes Lebensjahr zurückgeht und sich mit zunehmender Beharrlichkeit und Wucht fortsetzte, wobei die Übereinstimmung mit mir selbst jetzt zur Notwendigkeit und das Objekt meiner Träumerei zu einer fortdauernden Sinnestäuschung wurde. Es geht für mich immer allein darum, unter dem Vorwand einer drohenden Gefahr, die ich heraufbeschwöre, das Bild mit einem Schlag durch eine tatsächliche Präsenz zu ersetzen. Der Mechanismus ist zwingend. Mit teuflischer, zauberischer Zuverlässigkeit erneuert sich die Maschinerie von selbst.

Die Leidenschaft ist eine Welt für sich, in der ich am Rande der Menschen lebe. Wie kann man einer Gesellschaft angehören, wenn man so ist wie ich? Sofort erweise ich mich dort als unmöglich. Wäre ich allein, würde die Unannehmlichkeit geringer sein. Ich versuche, mich unter meine Mitmenschen zu mischen, an ihren Gesprächen teilzuhaben, aber das Gebäude der Qualen oder Freuden, die Kathedrale der Gefühle, die ich mit mir herumtrage, vereinzelt mich inmitten ihrer Festlichkeiten, und der Sturm meiner Erregung übertönt alle Worte, bevor sie mich erreichen. Manchmal ist die Ruhe, die ich vortäusche, vollkommen, aber dann ging ein Leuchten über meine Stirn oder ein Kichern war in meinem Schatten zu hören, die um mich herum das Unsichtbare verraten, und schon bin ich ohne Verbrechen verdächtig, und beunruhigt sind die, die ich beruhigen wollte.

Je mehr die Leidenschaft auf Widerstand trifft, desto höher erhebt sie sich, wie ein Turm, von dem die Seele Ausschau hält, ohne sich in Gefahr zu begeben.

Keine Selbstgefälligkeit: alle Würde und aller Anspruch: das sind die Losungen, die ich mir gegeben habe.

Gestern im Theater geschah etwas Außergewöhnliches. Um die Loge zu sehen, in der ich mich vor fünfzehn Jahren an der Seite der Herzogin befand, wandte ich mich im Parkett um, und es schien mir, als würde ich von unten mich selbst dort oben betrachten! Welches war das wahre Ich? Immer wieder glaubte ich zu spüren, wie mein Blick von früher wie eine Schicht aus Schnee, aus Blei oder aus Feuer über mich kam. Welche Schwere, und dann welche Kälte, welches Brennen! Diese grauenhafte Gegenüberstellung war nicht vergebens: ich stellte fest, ich war derselbe, nur dem Tod etwas näher, viel weniger liebenswert, aber immer noch so empfindsam.

Mozart: Von *Figaros Hochzeit* über *Don Giovanni* zum *Requiem.*

Die Geschichte dieser Reise wird auch die einer Freundschaft sein.

Die Angst ist mein Normalzustand. Weil es schwierig ist, das verständlich zu machen, sondere ich mich ab. Schließlich liegt das Drama weniger in dem, was man empfindet, als vielmehr in der Entdeckung, dass man ertappt und beobachtet wird.

Die Anpassung einer Gruppe an die Angst eines Einzelnen kann Wunder bewirken, wenn sie von besonderer Art ist: dann entsteht eine Kraft gemeinsamen Fühlens und überträgt sich geheimnisvoll von einem auf den anderen, so dass jeder, ohne zu wissen, wie dies vor sich geht, empfindsamer wird für sich selbst und für alles, was ihn umgibt; so erlaubt die Gegenwart gewisser Magier, dass das Wunderbare von Zeit zu Zeit schlierenhaft in das gewöhnliche Gewebe der Wirklichkeit einsickert und Blinde das Licht erblicken, Taube bestimmte Akkorde oder bestimmte musikalische Phrasen hören, die ihre Stille durchdringen und sie in Verzückung versetzen, und Tote wieder einen Anschein von Leben annehmen: der gleiche Trug umgibt den Dichter und den Liebenden: Versenkung und Leidenschaft geben eingeschlossene Wellen frei, Ausdünstungen, welche die Natur selbst, durchdrungen von Übernatürlichem, reichlich enthält.

»In W. an der D. besitze ich ein ›Landhaus‹«, hat X. mir ins Ohr gesagt, und seine Worte gestalten den Park mit vornehmen Alleen und Türmen.

Ich hatte so sehr darunter gelitten, dass er mich gebeten hat, einen möglichst großen Umweg durch den mittleren Gang mit ihm zu machen, um mich zu meinem Platz zu führen, der sich in der gleichen Reihe wie die anderen befand. War es Ironie seinerseits oder bei mir der Genuss des Schmerzes? Was spielt das für eine Rolle? Jedenfalls betraten wir Seite an Seite die Oper von W. wie zwei Fürsten, auf die man nur wartete, um mit der Vorstellung beginnen zu können.

Aspirin, Hunger, Freundschaft, was für wunderbare Orte der Ruhe, bis man die Ufer der Hölle erreicht, denn in mir sind zwei Reisende, die sich nicht vereinen; der eine geht seine geheimnisvollen Wege, der andere einen Pfad, welcher der Herde folgt.

In meinem Himmel entsteht und vergeht unaufhörlich ein Bild wie aus Goldstaub.

Spät aufgestanden, ein wenig krank, warum aber glücklich?

Abreise nach B. Ungeheure Erschöpfung, doch über allem hält sich die kleine Flamme, die den Weg beleuchtet und vor einem Sturz bewahrt. Ich weiß nicht, was es ist, das die schlummernde Glut meines alten Blutes wiedererweckt.

Jemand ist hinter mir, ich spüre es. Vor uns werden die Gipfel heller, und mein Schatten zu meinen Füßen, der sich vor mir niederwirft, verkündet mir die Anwesenheit meiner Sonne. Nichts ist aufwühlender als diese Perspektiven des Gefühls; ein Wesen, auf das sich unsere Neigungen richten, bewegt sich, und je nachdem, ob es sich nähert oder entfernt, verändert sich um uns herum alles.

Würden wir die ganze Geschichte unseres Unglücks kennen, wären wir nicht so unglücklich. Sie würde uns umso mehr trösten, je tragischer es ist. Nur die Tatsache, kein Held zu sein, der zu Tränen rührt, würde uns untröstlich machen.

Hat jemand eine große moralische Bedeutung für uns, schüchtert er uns ein. Seine geringsten Wünsche lasten auf dem Geschehen wie eine Notwendigkeit. Wollte X. heute Abend, dass die Herde sich auflöste, damit wir beide endlich zusammen sein können? Als alle gegangen waren, zog ich mich als Vorletzter zurück, und X. blieb allein. Würde das Feingefühl die Macht des Verlangens in mir besiegen, oder würden beide einander bedingen und miteinander einhergehen?

So werde ich alles verpassen. Aber nein, darum geht es nicht, mein Gefühl genügt sich selbst. Ich ziehe es dem Glück vor. In diesem Grad der Vollkommenheit bedeutet es mehr als der Gegenstand, der es hervorruft. Der Zustand, in dem man sich befindet, ist viel wichtiger als die Beziehung, die man zu demjenigen haben kann, der es einem erlaubt hat, sich in diesem Zustand einzurichten. Auf dieser Höhe hat man nur noch Erwartungen an sich selbst. Jenseits von allem, die Grenzen der Natur übertretend, besitzt man alles. Man lebt im »Äther«, einer Art »Feuer«, das nichts aufhalten kann, wo man das Objekt seines Begehrens unablässig aufsucht und von ihm aufgesucht wird, und das ist nur innigster, wesentlicher Austausch von ihm mit einem selbst und von einem selbst mit ihm.

Schlaflos, als wäre ich bereits tot; kaum habe ich die Augen geschlossen, erwacht ein Rest von Bewusstsein in mir, der mich sofort gewaltsam aufrüttelt und mir vorwirft, X. zu vergessen und ihm, indem ich ihn vergesse, etwas von seiner Herrlichkeit zu rauben und zugleich mir etwas von meiner Vollkommenheit. Wenn man liebt, scheint einem der Schlaf ein Versagen zu sein, was sage ich? eine Art Frevel?

Ich glaube, auch er hat Angst vor mir, und das ist gerecht. Ab einem gewissen Grad verschreckt, verschüchtert die Leidenschaft auch ihr Objekt, sofern es sich nicht gewünscht hatte, ihr Anlass zu sein, sofern es sich für die Ruhe entschieden hatte, ein leichter lebbares Mittelmaß.

So wenig ich auch glaube, dass man mir und meiner Freundschaft die geringste Bedeutung beimessen kann, so sehr glaube ich, dass ich die Freundschaft an ihre Grenzen führen muss. Hier finde ich ihn wieder, den Gegensatz zwischen meiner Bescheidenheit und meinem Stolz, beide gleichermaßen aufrichtig. Die Herausforderung für mich ist die Form, die mein Stolz in der Freundschaft annimmt, und wie er ist sie grenzenlos. Sobald ich mich in den Dienst eines anderen begeben habe, bin ich es, von dem ich alles erwarte, aber ich weiß nicht, ob am Ende der Glanz nicht eher dem gebührt, der ihn schenkt, als dem, der ihn empfängt, der sich übrigens meistens nichts daraus macht.

Liegt die einzige Möglichkeit, die man hat, um die Aufmerksamkeit eines Menschen auf sich zu ziehen, nicht in der besonderen Art des Gefühls, das man ihm geweiht hat, wie eine tonlose Musik, die er allein hört, sogar im Getöse der Massen.

Man hüte sich, seinen Gott in die Religion einzuweihen, die man ihm verdankt, deren Erfindung man ihm verdankt. Man muss sogar den Schatten des Glanzes, den er für uns hat, vor ihm verbergen. Wäre er zu eingebildet, würde sein Umgang schnell unmöglich oder unerträglich. Die Anbetung gehört dem, der sie hervorbringt, und in dem Maß, wie sie jedes Maß überschreitet, muss sie geheim bleiben. Unmenschlich zumeist, würde sie den, der sie auslöst, eher peinlich berühren, als ihn zugänglich zu machen, sie liefe Gefahr zu entfremden, je mehr sie erhöht. Von seiner Geltung überragt, der er nicht gänzlich genügen kann, ist er überfordert und erliegt der Versuchung, sich zu verweigern: so verstrickt er sich, indem er auf die ihm unbekannten Kräfte eifersüchtig wird, die man ihm zuschreibt oder offenbart, oder er fürchtet, sich dem Traum nicht gewachsen zu zeigen, zu dem er uns einlädt und für dessen Opfer er uns hält, und er durchwandert ihn, lächelnd, wie ein Fremder.

Wenn ich sein Spiel heute Abend nicht verstanden habe, wenn ich kein Gespür für sein Verlangen hatte, so verdiene ich meine Gefangenschaft, ich meine, seine Abwesenheit und alles, was sie an Entbehrung, an Nichtigkeit, an Verzweiflung bringt.

Die Leere in mir und um mich herum ist, sobald ich ihn nicht mehr sehe, vollkommen. Das Licht leuchtet nicht mehr; kein Geräusch dringt mehr zu mir. Ich bin gefangen in einer Nacht und einer Stille, die, Mystikern vertraut, an die Ufer des Jenseits gemahnt. Ich hatte weder das eine noch das andere erlebt, mit niemandem, seit 1938.

Kein Gehäuse ist für eine Seele angemessener als eine andere Seele, kein Objekt für ein Wesen passender als Seinesgleichen.

Nichts erwarten, nichts erhoffen von X., von sich selbst aber alles, dieses Alles, das die Leidenschaft ausmacht, die Leidenschaft, die man nicht als Schwäche empfindet, sondern als Stärke, gegen die nichts etwas ausrichten kann. Sie ist tatsächlich eine Welt für sich, abgesondert, unauflöslich, ein heiliges Universum, nur einem einzigen Wesen geweiht. Vorausgesetzt, die Leidenschaft duldet weder Zurückhaltung noch Maß, liegt ihre Bedingtheit einzig in ihrem Gegenstand und die Absolutheit in dem Gefühl, das er hervorruft. Die Leidenschaft gibt es für mich nur als Ganzes, mit dem gleichen Recht wie einen eigenen Himmel oder eine eigene Hölle. Die kleinste Ablenkung genügt, die geringste Aufhebung der Beständigkeit in Raum oder Zeit, und da ist nichts mehr, die Leidenschaft hört auf, Leidenschaft zu sein, es handelt sich um etwas anderes, das nichts mehr mit ihr gemein hat, die sie nur einen Wert hat durch ihre Strenge gegen sich selbst, durch ihre Größe in der Hoffnung oder Verzweiflung, durch eine Grenzenlosigkeit in dem, was sie von sich selbst verlangt. Nur so berührt sie, erreicht sie das Heilige, nimmt seinen Platz ein und grenzt zuweilen an die Heiligkeit selbst, so dass diese Ähnlichkeit ihr ein Vorrecht verschafft, sagen wir, die Achtung durch Gott selbst.

Es sind zwei Reisen in dieser Reise, die, die ich mit all den anderen und mit bekanntem Zweck unternehme, und die, die ich insgeheim mit einem anderen Einzelnen allein unternehme: *eine geheime Reise.*

Fortwährender Drahtseilakt, bei dem man jederzeit Gefahr läuft, den Stand zu verlieren. Eher gelöst oder gebunden? Desto gelöster von allem, je mehr man an einen Einzelnen gebunden ist. Und wie sollten sich die Worte auf den Ruf meiner Seele so eilig versammeln, hätte ich nicht meine Hingabe?

Ich fürchte, dass ich ihn bedränge oder dass man meine Heimsuchung bemerkt. Ich halte mich unablässig von ihm fern, gepackt von einer Art Grauen. Ich achte ihn zu sehr, um mich ihm zu nähern.

Meine Leidenschaft erhebt ihn, krönt ihn mit Blitzen,

hüllt ihn in drohende Wolken; doch selbst das Grauen, das er mir einflößt, zieht mich an, und die Anziehungskraft steht der Angst am Ende nicht nach.

Stets verhalte ich mich so, als würde ich ihm zur Last fallen, als hätte er nichts Angenehmes von mir zu erwarten, als hätte er alles zu geben und ich nichts.

Demut der Liebenden.

Liebt man zu sehr, um noch zu lieben, ist das etwas anderes. Liebt man zu sehr, beginnt man zu hassen. Wenn man spürt, dass jemand einem alles nimmt und man zu seinen Füßen vergehen wird, hasst man ihn. Sind alle Maßlosigkeiten, alle Ausschweifungen der Entsagung, der Opfer vollbracht, erregt sich das Herz, die Zärtlichkeit weicht dem Zorn. Die Sanftheit der Grausamkeit.

Aber das ist nur ein Übergang.

Selbst aus dem Glück, das er mir schenkt, habe ich mir eine Tortur gemacht, aber ich glaube, ich habe ihn auch seinerseits auf ein Prokrustesbett gelegt. Meine Aufmerksamkeit ist zu angespannt und mein Blick zu starr, um nicht für ihn zur Folter zu werden. Ich achte zu sehr darauf, was ich ihm von mir preisgebe und was ich von ihm erfahre, um nicht seine und meine Freiheit zu stören; mir entgeht meist, was er tut, um mir gefällig zu sein; wahrscheinlich bin ich zu sehr versessen darauf, es zu bemerken, und er zögert, es von sich aus zu zeigen, weil er befürchtet, dass ich ihm zu viel Bedeutung beimesse. So ist jedenfalls für uns alles verloren. Die Heftigkeit meines Gefühls leitet seinen guten Willen auf Abwege. Er weiß nicht mehr, wie er mit mir ohne Skandal umgehen kann, und ich weiß nicht mehr, wie ich mit ihm überhaupt umgehen kann. Wie kann ich mich ihm nähern, ohne mich selbst oder ihn zu verraten? Das Übermaß an Ehrerbietung, die Verunsicherung, die er in meinem Gesicht auslöst, sobald er eintritt, wo ich mich aufhalte, die Verwirrung, die seine Anwesenheit in meine Haltung, meine Gesten und meine Rede bringt, alles verrät die Anomalie, die Sonderbarkeit unserer verborgenen Beziehungen. Als wäre ich der Einzige, der die Erscheinung eines Gottes wahrnimmt, mit dem unter all den anderen ausschließlich ich vertraut wäre, sieht man ergriffen auf meiner Stirn und an meinen Händen, zumindest in meinen Augen, den Widerschein eines Lichts, von dem man nicht weiß, woher es leuchtet. Und warum dieses unmerkliche Zittern, diese unvermittelte Erstarrung meiner Glieder, diese Abwesenheit, die mich plötzlich umweht und absondert, als wären es Zeichen unwiderstehlicher Entrückung? Sobald ich die Besorgnis zu spüren glaube, die ich auslöse, versuche ich schnell, mir eine gewisse Natürlichkeit anzuzeigen, aber diese Anstrengung bricht zugleich den Zauber, sie entfernt mein Objekt von mir, so wie sie mich von ihm entfernt; die Beunruhigung geht dann von denen, die uns beobachten, auf den über, der sie verursacht, als X. sich von mir verlassen glaubt, wird er wütend, verfällt in eine dumpfe, unbewusste Feindseligkeit gegen mich, zumindest in offene Gleichgültigkeit, um die meine, die vorgetäuscht ist, zu erwidern, und so nützt mir keine der Fallen, die er mir stellt, und auch keine von denen, die der Zufall uns in den Weg legt, um uns näherzubringen. Die Gefahr ist zu groß, ich werde der Versuchung nicht nachgeben, ich werde mich nicht ertappen lassen, nicht einmal von ihm in meiner Schwäche für ihn; doch er wird dessen überdrüssig werden. Ich selbst kann es nicht mehr aushalten, aber meine Kette ist stärker als das Grauen, das ich verspüre, wenn ich ihr folge; ich halte mich sogar noch an ihr fest, wenn sie zu reißen droht. Als freiwilliger Sträfling werde ich der Freundschaft niemals entsagen.

Inmitten der lärmenden Karawane, die sich mit uns fortbewegt, ohne dass ich sie wirklich wahrnehmen würde, wird er auf dieser Reise, ohne es zu wissen, meine Einsamkeit gewesen sein, der Ort meiner Ruhe, der Tabernakel meines Schweigens und meiner Meditationen, das königliche Himmelbett, über dem das Bild der Sonne strahlt, der Mittler eines Ideals, in dessen Geheimnis wir beide nicht vollständig eindringen. Daher unsere Verfehlungen, unsere Überraschungen. Wer weiß denn, welche Rolle er in unserem Verhältnis hat? Ist er nur ein Vorwand für meine Glut, ist sein Platz in mir nicht besetzt, ist der wahre Gegenstand meiner Aufmerksamkeit nicht etwas anderes, etwas Unsichtbares oder Unmögliches, das man auf andere Weise nicht erlangen kann und das nur vorübergehend seine Form und seine Erscheinung annimmt? Vielleicht ist er nur das Alibi einer Bemächtigung, von einem Engel oder von Gott selbst, und gleichsam ein Zwischenspiel in meiner Schau, auf dem Weg zur Einzigen Wirklichkeit, die durch ihn mich erwartet, mich anderswohin zieht.

X., wie in einer Regung, verzweifelt und vorwurfsvoll:

»Seit drei Wochen mache ich meine Arbeit: für alle alles zu sein, ich weiß schon gar nicht mehr, wer ich bin, was ich bin, was ich selbst denke.«

Sehr oft halte ich, was bei ihm nur Höflichkeit ist, für eine besondere Zugewandtheit.

Nicht vergessen, dass er mir gegenüber Pflichten hat, vielleicht hegt er für mich persönlich gar keine Zuneigung?

Ich übergebe ihm mein *Tagebuch*, in dem ich seit der Abfahrt meine Gefühle niedergelegt habe; – so wirft man sich in die Flammen.

Glück dieser schlaflosen Zwiesprache mit jenem Antlitz, das nie antwortet oder zu früh oder zu spät.

Bin ich schüchtern, oder ist es der Angebetete?

»Er« scheint jede Regung, jede Lebhaftigkeit zu vermeiden, aus Angst, mich zu erschrecken.

So verzehre ich mich, und meine Gedanken erblühen auf dieser Glut, erstarrte Flammen!

Nichts Schwaches mehr, nichts Gewöhnliches im Feuer.

Im Feuer erkennt man weder Verlangen noch Vergnügen, weder Schmerz noch Freude. Alles ist verschmolzen, gereinigt und rein.

Rein, ist das nicht das Feuer selbst?

Kommt es noch an auf die Hand, von welcher der Pfeil ausgeht, sobald ich an ihrem Finger die göttliche Initiale erkannt habe?

Merkwürdige Vorkehrung von ihm: Er gibt mir zu verstehen, dass ich nicht in seinen Wagen einsteigen soll, und nimmt H. mit, meinen guten Engel? Auf wen kann ich mich verlassen? Vielleicht ist sein Beharren, mich von ihm fernzuhalten, eine Probe seiner Macht, der Versuch eines Despoten, der Wille, mich zu unterdrücken, herauszufinden, wie sehr ich ihm ausgeliefert bin? Mit seinen eigenen Händen hat er mich in den Feuerofen gestürzt, hält mich in ihm fest, wendet mich darin herum. Er gibt sich Mühe, er nimmt seine Rolle wirklich ernst. Und die Ungewissheit, die er um das Einzige erzeugt, das ich an diesem Morgen wissen möchte? Aber ich bin weniger allein mit meinem Martyrium, das er minutiös geplant und herbeigeführt hat und das er aus der Ferne verwaltet und überwacht, wie ein Vollstrecker, der es gewohnt ist, Leid zu bereiten und zu betrachten. Erbarmungslos versteht er sich auf die schwierige und überlegene Kunst der Folter! Aber ich bin weniger allein mit meiner Qual!

Unsere Sänften folgen einander; seine im Schlepptau, und ich meinerseits werde mich nicht nach ihm umdrehen. Es genügt mir, dass er mich nicht aus den Augen verliert, und der Raum um uns herum ist so schön, die Natur herrlich und unbeeindruckt.

Während meine Qual zunimmt, Grad um Grad, erheben wir uns durch wilde Wälder und erreichen den Gipfel eines der heiligsten Berge, die es gibt, und der uns am Horizont den weitesten Gesichtskreis eröffnet, wo sich Himmel und Erde vereinen um die berühmtesten Schlachtfelder der Welt.

»Nein, nicht hier, Sie gehören zum anderen Wagen«, ruft er mir zu, als wir die erste Station verlassen; unnötiger Nachdruck. Es ist weiß Gott nicht meine Art, mich den Leuten aufzudrängen. Will er mich für meine Zurückhaltung büßen lassen? Weil ich nicht weiß, wie er die Lektüre meines *Tagebuches* in dieser Nacht aufgenommen hat, steigert sich die Qual bis zur Angst. Es steht mir frei, anzunehmen, dass er zürnt. Wer sagt mir denn, dass er es über die zweite Seite hinaus weitergelesen hat? Dass er es nicht zerstört hat? Dass er es mir zurückgeben wird? Dass er es nicht jemandem gezeigt hat? Dass er es nicht, weil er beleidigt ist, verwenden wird, um mich zu vernichten?

Nichts erregt mich so sehr, wie zu glauben, dass ich vernichtet bin.

Gerade haben wir ein paar Worte gewechselt; er sehr sanft, ein wenig eingeschüchtert, ich glaube, weil ihm mein Wagemut und meine Unvorsichtigkeit neu sind. Hinzu kommt, dass er nichts von all dem gewollt hat, dass ich ihn gegen seinen Willen, ohne seine Erlaubnis und ohne Zögern in den verhängnisvollen Kreis eines gefährlichen Spiels hineinziehe, in eine Welt, die ihm womöglich unbekannt ist. Auf das Klima, dem ich ihn zunehmend aussetze, war er nicht vorbereitet. Würden meine Notizen verloren gehen, in fremde Hände fallen, wären wir gemeinsam verdammt. Es ist nett von ihm, sich so bereitwillig auf meine Überspanntheit einzulassen, zu der nichts ihn veranlagt. Wieviel Gewalt habe ich ihm nicht angetan? Er hätte das Recht, mir mit dem Absatz die Stirn zu zertrümmern; mich bei der Polizei anzuzeigen oder der öffentlichen Verachtung preiszugeben, und alle würden Beifall klatschen. Wenn er das nicht tut, dann wahrscheinlich nur aus Rücksicht auf das, was wir gemeinsam darstellen, und um den Erfolg dieser Reise nicht zu gefährden.

Jetzt, das weiß ich, verachtet er meine Verirrung nicht, weil er sie ausgelöst hat; er verachtet auch mich nicht gänzlich, selbst wenn er zittert und bebt. Und bringt ihn etwas, das zwischen uns vorgeht, vor den Leuten in Verlegenheit, so ist er, wenn er mit sich allein ist, durchaus darauf stolz. Es geht um seine Eitelkeit, und ich bin das Vergnügen seiner freien Zeit.

Als wir ankommen, spricht er mich an:

»Ich habe das *Tagebuch* gelesen.

– Und befremdet Sie das, was Sie jetzt wissen?

– Nein, ich will dieses Gefühl sogar erwidern.«

In diesem Augenblick öffnen sich unsere Augen über der schönsten Landschaft der Welt.

Manchmal dreht X. sich um, um mich anzusehen, und neue Flammen leuchten in seinem Blick, wie Johannisfeuer auf dem Land in einer Juninacht.

Er ist meine Sonne, und ich glaube, es fehlt nicht viel, dass ich für ihn ein Stern wäre, so sehr erstaunt ihn meine glühende Reinheit.

Was man sagt, ist niemals auf der Höhe dessen, was man sagen will, wenn man sich in erhabenen Regionen befindet.

Ich raune ihm zu: »Endlich hat der Schlaf mich besucht, weil zwischen Ihnen und mir alles gut gegangen ist.«

Was für ein belangloser Ausdruck, aber das war gar nichts in Anbetracht der Floskeln, denen ich damit auswich, weil sie noch flacher, fader und feiger wären. Was ich in jedem Augenblick empfinde, lässt sich nicht übersetzen.

Während er mir mein Eigentum zurückgab, als er sich heute Abend zurückzog, hatte er die richtigen Worte im Sinn, aber dann höre ich, dass er mir, unten auf der Treppe, die Hand am Geländer, zuruft wie ein großer Junge: »Danke für das *Tagebuch*!«, als wäre es eine Zigarette.

Alles wird mit einem Mal peinvoll; keine unserer Bewegungen wird unserem Antrieb gerecht. Nichts ist der Seele, wenn sie sich zeigt, der Leidenschaft angemessen, auch der Religion nicht. Immer wieder stellen wir fest, was uns fehlt, nämlich der Ausdruck. Im Geheimen ist der höchste Anspruch möglich. Ganz allein mit dem Traum, und sei er noch so überwältigend, ist man ihm gewachsen, aber was für ein schreckliches, empörendes Missverhältnis zwischen dem Gott, der wir sind, und der armen belebten Puppe, die, wenn sie ihn offenbart, ihn verrät.

H. und ich lieben uns zärtlich wie zwei Stumme. Es ist nicht zu deuten und ein wenig verkrampft. Wir spielen Freundschaft, wir fassen uns bei den Händen, wir sehen uns mit allzu lebhaften, schwärmerischen Blicken an, und unsere Bewegungen gehen an unseren Absichten vorbei. Wer nicht weiß, dass wir nicht die gleiche Sprache sprechen, fragt sich, erstaunt oder empört, was uns wohl antreibt: Tragödie oder Komödie? Wie sonst könnte man einander erreichen?

Was allein uns verbindet, unsere Geheimsprache, ist X.

Heute morgen Besuch im Museum von W., in Begleitung von H. und in Abwesenheit von X., der sich ausruht. Zuerst verweilen wir zusammen vor den griechischen Skulpturen, unsere Bewunderung und unsere Ergriffenheit vereinigen sich ohne Wettstreit, als hätten wir nur einen gemeinsamen Blick. Weiter hinten fesselt uns die christliche Kunst, und wir beugen uns lange über dieselben Gesichter. Der Marmor und das Holz sind nur Vorwände, wir wissen beide, was uns anzieht. Zwischen ihm und mir gibt es das Menschliche und das Göttliche, gibt es jemanden und gibt es jetzt diese Postkarte, die er mir am Ausgang glücklicherweise schenkt: ein Porträt von Lorenzo Lotto, das X. ähnlich sieht.

Wir haben nichts zueinander gesagt, aber unsere Augen begegneten sich, erkannten ihn gleichzeitig, im Einverständnis; mehr noch als Einvernehmen, Komplizenschaft.

Meine Beziehungen zu dem Engel haben etwas Wundersames, als hätten wir einen Weg gefunden, uns anzunähern und reibungslos nebeneinander zu gehen; mit meiner Kathedrale von Gefühlen bewege ich mich weniger linkisch, weniger beengt, etwas weniger ungeschickt, beinahe munter, während er die Leichtigkeit seiner Jugend mäßigt, indem er seinen geflügelten Schritt an meinen anpasst. Wir verstehen es, einander anzusehen, miteinander zu sprechen, folgenlose Worte zu wechseln, das belangloseste Lächeln. Wenn sie auf einer Art stummer, wechselseitiger, fortgesetzter Anhänglichkeit beruht, wird die Leidenschaft zum Zauber. Da ist dann nichts mehr, was nicht Zeichen eines geheimen Bündnisses wäre. Sogar die Gleichgültigkeit zwischen ihm und mir, eine berechnete, wechselseitige, vereinbarte Gleichgültigkeit, setzt voraus, dass jede Erklärung überflüssig geworden ist, besser gesagt, sie wäre geradezu indiskret, taktlos, der Gewissheit unwürdig, die wir erlangt haben und die sie gefährden könnte. Es gibt keine Notwendigkeit mehr, sich zu versichern. Die Übereinstimmung ist vollkommen und verlässlich.

Meine Beziehungen zu X. haben, seit er es weiß, etwas Wundersames.

Bald, im kaiserlichsten Palast der Welt, an einem Tisch, gekrönt mit Beeren, die man nicht essen kann, und mit Herbstblumen, lädt man mich ein, gegenüber dem Fürsten zwischen H. und X. Platz zu nehmen: alle Ehre und alle Freude auf einmal; wie eine offizielle und zugleich intime Huldigung.

Allmählich werde ich mich an meine innere Herrlichkeit gewöhnen und sie bis zum Ende mit Leichtigkeit tragen.

Gab es je einen kostbareren Augenblick als den, der dann folgte, als alle Kronleuchter gelöscht waren, im Schein roter Kerzen, beim Konzert, mit geschlossenen

Augen? Da die Musiker hinter mir Platz genommen hatten, musste ich meinen Stuhl drehen und hatte nun X. vor mir, hinter mir H. Dieses unbeständige Gleichgewicht, in dem ich schwankte, begünstigte die Träumerei. Schubert und Mozart setzten sie fort, vereinigten ihren Zauber mit der Vollkommenheit der Chöre, in denen die Stimmen junger Krieger und junger Mädchen abwechselnd sich antworteten und sich vermischten. Öffneten sich meine Augen nur ein wenig, begegnete ich in der spannungsvollen Stimmung dieses prächtigen Gebäudes sogleich dem Gesicht oder dem Profil, dem Blick oder den Händen von X., eingerahmt von Porphyrsäulen oder erstrahlend im Widerschein goldener Architrave, und sofort senkte ich meine Lider wieder und nahm flackernde Bilder mit in mein inneres Dunkel, Fetzen einer himmlischen Beute, die ich in meinen Tiefen ruhig und langsam verzehrte. In dieser Höhe, wo allein Zartes an die Oberfläche gelangt, ist nur noch Raum für den Austausch von Licht oder Düften, ohne dass Unheil droht, wie am Firmament von Meteor zu Meteor oder auf dem Felde von Lilie zu Lilie. Die Grenzen meines Seins, für einen Augenblick nicht scharf umrissen, verschmolzen mit denen von X. Am Ende konnte ich nur die Konturen unserer beiden Gesichter wahrnehmen, welche die Schwingungen der Musik einander immer mehr annäherten, bis sie uns allmählich in den kupfernen Ring eines bronzenen Medaillons einschlossen, auf dessen Rückseite unsere nackten Körper zu sehen waren, im Relief, in hieratischen Haltungen.

So werden bisweilen Hochzeiten gefeiert, deren festlichen Ernst das Universum vorbereitet, wie zum Spott für ihn und zum geheimen Ruhm der »Freundschaft«.

X.? Niemand? oder der Letzte, der an seinem Finger den Wunderring trägt?

W. im Schlafwagen verlassen. Die ganze Nacht schaukelte der ehrwürdige N. über mir in einem Korb wie Sokrates in den »Wolken«, nachdem er mich ausgezogen, hingelegt und eingewiegt hatte.

Gott, war ich krank!

Und der Teufel bringt uns jetzt nach B.

Nach dem Hochgefühl des Abends neulich hatte ich das Bedürfnis, erniedrigt zu werden. Das ist geschehen. Oh, diese Abreise aus W., die Füße voraus. Ich sah alle diese Leute, darunter »er« in einem Wirbel aus Feuer und Finsternis, über mich gebeugt, bevor sie sich davonmachten, zerstreuten, und plötzlich war ich allein, verlassen, ich schrie, man habe mich verraten. Nein, alle wachten, ehrerbietig auf Abstand; X. tadellos.

Mir scheint, in dem Augenblick, als ich das Bewusstsein verloren hatte, nutzte ich meine Abwesenheit aus, um ihn zu küssen.

Habe ich mich sogar vielleicht nur betrunken, um mir diese Freiheit mit ihm herauszunehmen? Vielleicht auch ein wenig, um meinen steifen Hals zu lindern, den ich mir zugezogen hatte, als ich während des Konzerts beim Fürsten am Abend zuvor meinen Stuhl drehte, es war zum Sterben, aber heute Morgen wende ich meinen Kopf ohne Schmerzen.

F. lässt sich, glaube ich, nichts mehr vormachen. Grinsend schlendert er am Fuß des Turms, in dem die Liebenden eingesperrt sind, und spielt Mandoline.

Er hat zum Beispiel sehr wohl bemerkt, dass ich alle Zigarren, die man mir anbot, aufbewahrte, und alle, die man mir nicht anbot, stahl, um sie zu verschenken, und auch, wem ich sie schenkte, ohne eine einzige abzuzweigen. Er gefiel sich sogar darin, mich mit höchst geschmackvollem Nachdruck spüren zu lassen, dass er es bemerkt hatte, aber ausnahmsweise fehlte es mir weder an Worten noch an Krallen.

Es muss so sein, dass, je drückender und ernster das Gefühl ist, das jemand bei einem auslöst, es für ihn desto leichter ist; es muss so sein, dass ich nicht auf ihm laste, noch besser, dass er, wenn er an mich denkt, sich sogar wie getragen, gehoben, erleichtert fühlt.

Warum ist es Lorenzo de' Medici, den ich erblicke, dem ich jetzt, ohne es zu wollen, am Rand meines Blickfeldes begegne, sobald ich an ihn denke? Er nimmt die Haltung, die etwas affektierte Pose, die Michelangelo diesem Fürsten verleiht, mit derartiger Natürlichkeit an, dass ich mich frage, ob ich ihn dazu auffordere, ihm das nahelege, oder ob er mir diese Besessenheit aufzwingt. Unabhängig von meinem und seinem Willen besteht eine gewisse Ähnlichkeit in der Art, wie sich seine Hände zu seinem Gesicht und zu seiner Hüfte verhalten, mit jener, die man an der Statue in San Lorenzo bemerkt: die gleichen, ebenfalls etwas plumpen Proportionen des Beins und des Beckens, die sich verjüngen, ohne an Kraft zu verlieren, um Anmut in der Entwicklung der Formen zu erlangen, beinahe zu zart an den Enden, so wirkt der Kopf für die Breite der Schultern und des Halses eher klein und die Hände wie ausgeliehen.

Ich stelle ihn mir vor, ich erahne ihn; das ist besser als sehen. Ich erschaffe ihn auf meine Art, stets einen anderen und immer denselben. Ich will sagen, mein inneres Auge verbindet und trennt wunderbar, indem es erhöht, was sein Wesen und seine Form an Göttlichem haben, das heißt, an Wesentlichem für ihn und zugleich für mein Glück.

Es ist eigenartig, im Ton der Höflichkeit so kühl und unpersönlich wie möglich zu jemandem zu sagen: »Guten Morgen, mein Herr«, wenn er für Sie alles ist, Alpha und Omega, beinahe Gott selbst.

Was mir meine Abgeschiedenheit von ihm, mitten in dieser Menge, erträglich macht, ist die Angst vor der Lächerlichkeit oder ihre Empfindung. Was mir dabei hilft, das Lächerliche meines Verhaltens in seinen Augen zu ertragen, die allein, wenn sie mich anschauen, nichts mehr übersehen, ist mein Wille, es durch eine unvergleichlich hohe und edle Moral wettzumachen.

Erblickt er mich von nah oder fern, ist sein abwesender Ausdruck gespielter Geringschätzung zu unser beider Schutz jedes Mal vorzüglich, ganz geladen, verfeinert, bis zum äußersten Punkt der Vertraulichkeit, von einer wirklichen Zärtlichkeit, die nur ich allein, in genügender Übereinstimmung mit ihm, wahrnehmen und im Vorbeigehen erfassen kann, so als überprüfe er seine Macht an der verhaltenen und treuen Hingabe meines Blicks, der ihm gerade noch ausweicht, ohne doch zu vermeiden, ihm stets im rechten Moment zu begegnen.

Wer verdammt uns dazu, uns nur in dieser lärmenden Horde aufmerksamer Menschen zu begegnen? Werden wir nie erfahren, wie es ist, zusammen allein zu sein? Aber wie aufregend ist für mich dieses Geheimnis zwischen uns, und wieviel bedeutungsloser wäre alles, was um uns herum geschieht, ohne diesen stummen Dialog, ohne dieses Bemühen, uns auszuweichen, und dieses glückliche Geschick, uns gegenseitig durch das Dunkel der Sinne im Licht zu offenbaren und uns überall zuverlässig wiederzufinden auf gleicher Höhe, wo nichts uns daran hindert, uns unseren vertraulichen Aussprachen in reiner Form ohne Scham hinzugeben bei herrlichem Glanz.

Haben Sie seine Hände bemerkt? Es sind nicht seine, es sind nicht die Hände, die zu ihm passen, sondern Hände von feiner Seide, beinahe Handschuhe, mit einem Faden an diesem Körper eines Riesen befestigt. Hätte er die Hände, die seine Seele und sein Körper verlangen, wäre ich womöglich verloren.

Da ich nicht aufhöre, nach ihm Ausschau zu halten, nur von ihm gehe, um ihn auf allen möglichen Wegen wieder zu suchen, auf den vorsichtigsten, verborgensten und verlassensten, habe ich Angst, dass er meiner Besessenheit am Ende überdrüssig wird. Dann wende ich mich ab, aber das nützt nichts, ich sehe nur ihn, gerade wenn ich anderswohin blicke. Oft weiß ich sogar, wo er ist, wann er kommt oder geht, gleichsam unbewusst. Ein Dämon oder ein mitwissender Engel gibt es mir ein, und sobald sie frei sind, richten sich meine Augen, die ich nicht mehr überwache, unwillkürlich geradewegs dorthin, ohne sich darüber zu wundern, dass sie ihn, wo er eintrifft, mit Sicherheit finden. Für mich ist der Unterschied, der Abstand so klein zwischen seiner Abwesenheit und seiner Anwesenheit: die Entrückung, in der sein Bild mich hält, kommt fast der Verzückung gleich, in die er selbst mich versetzt, wenn die Leidenschaft letztlich die Wirklichkeit so sehr übersteigt, dass sie ohne sie auskommt oder vom Traum direkt in Wahnhaftigkeit übergeht, ohne die Veränderung zu bemerken, als gäbe es für sie keine Steigerung mehr, da sie bereits in einer

Art Unbeweglichkeit, Unwandelbarkeit, im Absoluten erstarrt ist.

Ehrgeiz, Habsucht, Wollust, Hochmut, Jähzorn, Faulheit, Völlerei; erlaubt mir das Gefühl, das ich für X. empfinde, mich mit einem Flügelschlag zu erheben über all das, über alles Elend, über alles? Wo ist nun das Böse?

Ich kann es mir einmal mehr nicht verübeln, wenn ich mich, vom Schlaf befreit, als ob ein anderer für mich schliefe, wundersam bewege, beinahe ohne die Erde zu berühren; das Gewicht meines eigenen Körpers, mein Gesicht, meine Hände wie vergessen, das Sein eines Wesens, das mir vertrauter ist als ich selbst.

Unbeschreibliches Glück, nur noch für ein Bild zu atmen, das unbeweglich ist und rein wie eine Idee und in goldenem Licht vor einem liegt; eine Einheit, um die herum man sich sammelt, dem gebändigten Dunkel gebietend.

»Aber, mein Lieber, achten Sie auf den Barock. Wir verlassen sein Heimatland.«

Hören Sie ihn?

Er verlässt uns für vierundzwanzig Stunden.

»Nun denn.«

Ich schaute ihm nach, und er wusste es nicht; mein Blick folgte ihm so weit wie möglich. Königliche Eskorte. Jetzt, da ich allein bin, gewährt mir seine Abwesenheit gleichsam Ruhe, Erholung, Entspannung. Ich werde schlafen, mit offenen Augen.

Unmöglich, nichts entfernt ihn.

Ich folge ihm nach Hause. Er hat einen Vater, eine Mutter, und seine Brüder prügeln sich auf der Wiese. Er wird, das spüre ich, zwei Tage lang nicht mehr lachen können, dieses großartige Lachen, das er nur für mich auslöst, mit mir als Mitwisser, wie ein Brandenburgisches Konzert, in dem sich die Flöte mit dem Donner verbindet; die Flöte des großen Friedrich mit dem Donner von Johann Sebastian Bach.

Ich belauere ihn. Er belauert mich. Ich frage mich, ob ihn dieses Spiel befremdet oder belustigt, ob er mein Komparse ist, oder manchmal auch, ob er sein Spiel mit mir treibt. Das ganze Drama, der ganze Schatten des Dramas liegt in diesem Zweifel, der mich in einer Sekunde, je nachdem, welchen Ausdruck er findet, niederwirft oder aufrichtet.

Ich glaube, in W. habe ich, ein wenig angetrunken, mein Gesicht seinem Gesicht angenähert, und er wich nicht zurück. Als ich diese Kühnheit besaß, war ich nicht mehr ich selbst, er aber war nicht betrunken.

N. sagt zu mir vor allen anderen:

»Ich bin neugierig auf dieses *Tagebuch*, aber was zum Teufel können Sie nur die ganze Zeit schreiben?«

Man denkt, ich hätte kein Privatleben, wie könnte ich mich sonst höflich zurückziehen, ohne dass ich zu arbeiten schiene?

Den eigenen Blick, die Gesten, das Verhalten fälschen; unablässig eingreifen, um die Glut des Blicks zu messen oder das Gleichgewicht der Maschinerie, des eigenen Auftretens, des ganzen Verhaltens zu steuern, aus Furcht, man könnte euer Geheimnis entdecken.

Um nicht daran zugrunde zu gehen, muss ich, wenn nichts geschieht, ihn mir selbst entziehen, ihn verlieren, ihn tief in mir ertränken, aber ich weiß, dass ich ihn trotz allem immer bergen und bewahren werde. Hylas? Hylas, unter den Algen verborgen, wird mir wohl nur noch durch die Wellen verzerrt erscheinen. Oh, Scheinbild! Um dich herum werden sich die Erinnerungen an diese Reise zusammenfügen, du bist ihre Einheit, ihre Seele, ihre Hauptfigur, die mein Herz berührt. Und nun habe ich wieder, nach meiner Gewohnheit, aus diesem Spaziergang eine Argonautenfahrt gemacht.

Erscheine wieder, mein Stern.

Bedürfnis, mit ihm Kind zu sein, frei, oh! arglos, nur um ihn auflachen zu hören und zu sehen, wie er ganz allein, als wären es hundert, seine verrückten Farandolen aufführt, die so hübsch jeder Verlegenheit ausweichen. Mit Gewandtheit findet man die Unschuld wieder. Seine offizielle Rolle, in ein Trugbild verwandelt, tanzt er wie einen Walzer, und indem er nur die Betonung verschiebt, ich meine den Ernst, rettet er, im Einklang mit mir, das Wesentliche. Keine Hindernisse mehr. Er hat Sinn für die

Lüge, gleichsam für eine Eleganz, die es ermöglicht, das Schlimmste gerade noch zu erkennen, um ihm sogleich auszuweichen: Bevor man die Zeit hat, sich mit ihm in Gefahr zu bringen, vereitelt er spielerisch den Skandal.

Oh, durchreiste Landschaften! Jemand führt mich an der Hand und schärft meinen Blick. Wäre er nicht da, wie trostlos würde alles sein; die Natur weniger bewegend! Sobald er sich zeigt oder auch nur der Gedanke an ihn mich erfasst, betrete ich mit ihm einen Olymp, wo er mir in einen Gott verwandelt erscheint, weder jeden Tag derselbe noch überall; aber weil er da ist, verändert sich alles, nicht mehr leer ist mein Blick, kein Ort ist verlassen.

Diese vorsätzliche Unkenntnis, die gegenseitig zu wahren die Rücksicht uns zwingt, erregt unsere Neugierde, beflügelt unseren Mut, vervielfacht die Furcht, flößt Schrecken ein und zähmt die Erhabenheit. Man weiß plötzlich nicht mehr, ob diese künstliche Kälte, ob diese gespielte Gleichgültigkeit nicht echt ist, ob man nicht missfallen hat. Bin ich zu zurückhaltend? Ich sage mir, dass er sich Sorgen macht, dass er sich einsam, verlassen fühlt. Bin ich unvorsichtig? dass er mir vorwirft, ihn in Gefahr zu bringen. Alles stachelt mich an. Oh, wundersame Zerrissenheit des Herzens! Heiliges Grauen des einen vor dem anderen, insgeheim kostbarer als die Gewissheit, wenn man den Austausch eines stummen Geständnisses zulässt, in dem man die unverhoffte und geteilte Hingabe einer vollkommenen, schweigenden Innigkeit liest, als hätten wir eine Sprache erfunden, die es uns ermöglichte, einander zu kennen, ohne dass es so aussähe, als wüssten wir es genau.

Ich bin der Stifter, der im Flügel des Triptychons kniet, und die Gottheit schiebt die Wolken beiseite, um sich in der Mitte der Welt zu zeigen, die aufplatzt wie eine Frucht: *latens deitas*.

»Gott ist kein Christ. Gott ist nicht nur christlich. Gott ist keiner Religion fremd. Gott ist meiner Leidenschaft nicht fremd.«

In jenem *Tagebuch* spreche ich mit ihm: dort ist der düstere Ort unserer nächtlichen Zusammenkünfte, gewiss ist dies nur ein Selbstgespräch, aber auch wenn er nicht antwortet: er wird hören.

Mein Spiegel ermutigt mich nicht, und doch würde nur ein wenig Durchsetzungskraft von mir genügen, damit sich alles zu meinem Vorteil wendet. Doch die Leidenschaft ist bei mir zunächst ein Verzicht.

Gewiss, ich weiß es nur zu gut: mein Reiz besteht bloß in der äußersten Stärke meiner Glut und in der Unmöglichkeit, in der sie sich verschließt, da sie niemals gänzlich ans Licht kommt.

Und würde ich X. wirklich erreichen, was würde ich mit ihm machen und vor ihm mit mir, mit meinen Händen, mit meinem Blick? All das würde mich in große Verlegenheit bringen, ausgenommen vor Gott.

Es sollte mir genügen zu wissen, dass am Ende meiner wahnsinnigen Raserei, wenn er dort stünde in höchster Not, mir ausgeliefert, mir unterworfen, ich selbst für einen Augenblick so verloren, atemlos und ausgezehrt wäre, dass mir nur eine Möglichkeit bliebe: mich wieder hinreichend zusammenzunehmen, um ihm ein belangloses Wort zu sagen und ihn aufzugeben.

Gegen neun Uhr treffen wir auf der Schwelle auf X., der aus P. zurückkommt und uns nach Z. vorausfährt. Jemand kündigt an, dass ich dort das Zimmer mit A. teilen werde, da es wenige Unterkünfte gibt, und dass N. das Zimmer mit G. teilen wird. Beide wollen wir keinen dieser unbekannten Mitbewohner und beschließen zusammenzubleiben.

Da nehme ich X. beiseite und frage ihn, ob ich fünf Minuten mit ihm allein sprechen könne. Plötzlich gereizt, wichtigtuerisch und hart, weist er mich ab:

»Heute Abend nicht, nein, es ist zu spät.«

»Zu spät? Fünf Minuten.«

Ich fasse mir ins Gesicht, als hätte ich gerade eine Ohrfeige bekommen, und dann schließe ich mich ein ohne Abendessen. Zu meiner eigenen Überraschung suche ich nach meinem Schmerz, wo er wohl sitzen könnte; aber ich kann ihn nicht finden. Ich versuche, verzweifelt zu sein, zumindest für mich selbst so zu scheinen; ich bin bloß ein wenig traurig (oder ist meine innere Verzweiflung so groß, dass ich sie nicht spüre, wenn sie die Grenzen meines Bewusstseins überschreitet?). Ich merke sogar, während ich traurig bin, dass ich mich zugleich wie befreit fühle, befreit von einer großen Last, von einer derart großen Last, dass ich fast glücklich bin, mindestens so glücklich wie traurig. Ist das Bosheit oder Aufrichtigkeit? Ich sage mir, dass ich mich nur so sehr mit X. beschäftigt habe, um die leeren, die hohlen Stellen dieser Reise auszufüllen, um damit die freie Zeit zu vertreiben, oder besser, um mich vor den vorüberziehenden Ufern, Landschaften und Gesichtern an etwas Dauerhaftes zu binden. Oh, Präsenz, erahnt wie die des Heiligen Sakraments in der Kapelle unserer Qual. Um ehrlich zu sein, ich frage mich, hätte mir nicht ein jeder an seiner Stelle dazu dienen können? – Nein, keinesfalls, zu dankbar bin ich für die guten Augenblicke der Meditation, der Kontemplation, die er mir ermöglicht hat.

Nacht. Neun Uhr. Ist mir zum Lachen oder zum Weinen zumute? Eine unendliche Leere, in ihr tanzt eine Gestalt, die sich entfernt, ohne sich umzusehen, und ich empfinde nichts mehr: Ich fühle mich nur noch einsam und weit weg von zu Hause. Es ist das erste Mal, dass ich es bemerke, und plötzlich ist es da: Er war mein Zuhause.

Die Droge beginnt zu wirken, aber nur als Hilfsmittel, um leben zu können. Ein Punkt an meiner Schläfe vergrößert sich wie eine Androhung von Migräne, oder nein, eher von Schlaf. Bald werde ich einschlafen, nach einem Faustschlag. Bravo.

Doch als ich das Licht lösche, zerreißt ein purpurner Blitz die Nacht: – Wer sagt dir, dass er nicht alles so eingerichtet hatte, damit wir zusammen sein konnten? Dass nicht er es war, der dich im Zimmer von A., seinem engen Freund, untergebracht hatte, wo wir uns hätten treffen können? Und du hast das Angebot ausgeschlagen, mit weiß Gott welcher Geringschätzung! Weil du alle seine Pläne durchkreuzt hast, hat er dir ein fünfminütiges Gespräch mit weiß Gott welcher Verachtung verweigert. Umso besser! Lieber möchte ich niemals glücklich sein, als um diesen Preis glücklich zu sein. Keine Vermittlung, kein Zusammenkommen. Dreißig Jahre im Wahn, ohne meine Würde aufs Spiel zu setzen. Indem ich mich unter der taktvollen Obhut von N. sammelte, habe ich mich gerettet. Nein, das Zimmer eines A. in Z. würde ich auf keinen Fall teilen können, nicht einmal, um X. dort zu treffen.

Nein, auch wenn ich noch so sehr von X. angezogen bin, um ihn zu erlangen, werde ich nicht jeden beliebigen Weg gehen, nicht durch jedwede Hand.

Worte aus meinem Dorf gehen jetzt um auf dem weiten Platz meiner Schlaflosigkeit: *gnadre, coucher à la barre, le nialou.*

Zehn nach elf. Der Kaffee, den ich um fünf Uhr getrunken habe, hält mich wach, und das Serenol, das ich um zehn Uhr genommen habe, will mich einschläfern. Ich ahne den Schlaf, der mich umfängt, aber er erreicht nicht mein Herz. Das Herz? Ach, wenn es nur der Kaffee wäre, würde sich das Serenol in hoher Dosis vielleicht durchsetzen. Aber da ist X., und der Streit in meinem Inneren geht weiter: Ist es meine Schuld? Ist es seine? Wer ist schuld an der andauernden Verstimmung zwischen uns? Er oder ich? Sein Stolz oder meiner?

Lächerlich bin ich, weil ich diesen Zweikampf eröffnet und eine solche Niederlage erlitten habe, es sei denn, ich wäre zu grausamer Vergeltung fähig. Aber wie kann ich Schlaf finden, wenn ich sie suche, wenn ich sie nicht finde und wenn ich sie finde?

Er ist vielleicht immer noch mitten in mir; nur das Zeichen hat sich geändert. Man spreche mir nicht mehr von diesem Mann, es sei denn als Zielscheibe. Pfeil um Pfeil.

Aber wozu mich aufregen? Bekam ich von ihm nicht alles, was ich wollte, mehr oder weniger wann ich es wollte?

Es naht die Rückkehr. Dieses Abenteuer hatte nur während der Reise einen Sinn. X. war meine Wegzehrung. In anderen Klimaten andere Faunen. Nun wende ich mich meinerseits von ihm ab, und vielleicht wird er, wenn er dessen würdig ist, mehr als einmal meinen Blick suchen, und er wird niemanden mehr finden auf dieser Welt, der ihn so annimmt, wie ich es getan habe; hat er gewusst, was das war, wird er die Reue und die Wehmut darum bis ins

Grab tragen, verurteilt zu einer Art Verbannung, ohne es zu wissen, durch mich, der es weiß.

Wenn ich Selbstgespräche über ihn führe, ist er für mich nicht gestorben. Die Leidenschaft lebt noch in mir, aber sie gibt sich den Anschein, sie sei vergangen. Zwar hat Hylas das Ufer bereits erreicht, aber er trägt seine Amphore immer noch auf der Schulter. Den dunklen Rand hat er noch nicht berührt; nur wenige Schritte trennen ihn davon. Medea, eifersüchtig, hat nicht ihre eigenen Kinder getötet. All das liegt nur in der Luft, in der Zukunft, verhängnisvoll. Und dieser Mund, den mein Rasiermesser gestern grausam verletzte, bereitet mir Schmerzen ... Und der Schlaf, der nie kam ... Eine halbe Stunde nach Mitternacht. Nur für Momente glaube ich, ins Vergessen zu gleiten, aber bloß, um einen Schrei auszustoßen; kaum bin ich eingeschlafen, träume ich, dass ich sterbe, und das Grauen des Todes weckt mich sogleich auf.

»Unter aller Augen« erfuhr ich das größte Unglück, das einem »unter vier Augen« zustoßen kann.

Diese teure Hand, die einen plötzlich in den Abgrund stößt, ins Nichts! Aber welche Macht habe ich ihr nicht verliehen? Und vielleicht hing es nur von mir ab, in einer Sekunde, frei zu bleiben. Ich hoffe immer noch, dass das Schicksal nicht mit ihm im Bunde ist. Wenn es so ist, verzeihe ich. Handelt er allein, werde ich ihn ins Handgelenk beißen, damit er wütend wird.

Sich meiner so beiläufig zu entledigen, wo ich ihn mit solcher Freude gefeiert habe? Nicht eine Sekunde habe ich ihm etwas abgeschlagen, zwei Wochen lang, und als ich ihn zum ersten Mal um etwas bitte: fünf Minuten, antwortet er mir:

»Zu spät.«

Das Wort ist wie ein Spruch des Schicksals, wie von den Umständen verhängt. Es kommt mir so vor, als habe nicht er es ausgesprochen, sondern irgendein unterirdischer, herrschender Gott, und es bedeutet etwas anderes als das, was man denkt, etwas anderes als das, was er sagt: es ist alles vorbei; morgen hebt sich der Vorhang vor einer anderen Welt; Z. ist Z., und Z. ist ein Grab; der erste, intime Teil der Reise ist zu Ende; von nun an werden zu viele Leute dabei sein: kein Raum mehr für Poesie. Abschied vom Zauber, es ist zu spät.

Vier Uhr dreißig. Mein Herz schlägt immer noch wild. Das Serenol wirkt entschieden nicht gegen den Kaffee, gegen Kaffee mit einem guten Schuss Unglück. Aber ich fühle mich nicht mehr erniedrigt, nicht mehr demütig, nicht mehr schwach, sondern stolz. Um mich herum stürzt ein Berg von Melancholie in sich zusammen. Männlichkeit, Sieg. Zu mir die Helden. Abscheu vor den Schönlingen!

Da ich es verdient habe, gevierteilt zu werden, muss ich froh sein, dass ich nur unglücklich bin.

An jeder Wendung des Lebens bietet sich uns die Gelegenheit eines Dramas: Höllenmaschine oder Kleinigkeit? Tragödie oder Komödie? Es liegt an uns.

Ich brenne nicht mehr. Ich spüre sogar eine sehr große Kühle in mir und um mich herum; man lädt mich wohl ein, meine Qual und ihre Freuden neu zu empfinden.

Es genügt, wenn ich sie mit einer Handbewegung abwehre, alle fünf Minuten, sanft, ohne unnötige Ungeduld, die Versuche des Dämons, mir das Feuergewand wieder überzuziehen, aus dem ich meine Glieder befreit habe.

Ich hätte längst schon wissen müssen, dass es im Leben noch etwas anderes gibt als diese Art von Gemütsbewegungen. Längst sollte ich mit ihnen fertig sein. Bellerophon und die Chimäre!

Verwunderung und Verwirrung sind zunächst erlaubt, aber ist das Monster erkannt, werde ich sterben, ohne es zu besiegen? Zum Glück höre ich nicht auf, es zu bekämpfen, und die Anstrengung, die ich ihm entgegensetze, veredelt mein Leben, dem seine bloße Anwesenheit Pathos verleiht.

Ach! Nur nicht dorthin schauen.

– Pfui, noch habe ich meine letzte Karte nicht ausgespielt, und wer sagt Ihnen, dass sie nicht sticht? Vielleicht besitzt X. alles Zartgefühl, aber erkennt er den feinen Unterschied, der mich von allen anderen trennt? Nein, noch nicht ganz. Eines Tages wird er verstehen, und dann muss er einsehen, dass es zu spät ist.

Da ich mitten im Gesicht eine Verletzung habe (beim Rasieren habe ich mir an der Oberlippe einen so schlimmen Schnitt zugefügt, dass ich Hilfe holen musste, um die Blutung zu stillen), bin ich nur noch eine Wunde, und diese Wunde befindet sich immer vor mir, zwischen mir und meinem Gesicht ebenso wie zwischen mir und den anderen, zwischen meinem Gesicht und X., und es ist diese Wunde, die alle und X. und ich zuerst sehen, bevor ich gesehen werde. Als wollte ich die Narbe verschlimmern, wieder aufbrechen, erneuern, die ich schon im Mutterleib und davor in Gottes Vorstellung trug: wenn ich bereits gezeichnet gezeugt wurde, wer hat gesagt, dass man sich vor gezeichneten Menschen in Acht nehmen soll? Ratschlag: Man fürchte sich vor mir! Manchmal graut mir vor mir selbst.

Ich sitze zwischen meinen Gepäckstücken, die man aus der Unordnung dieses Zimmers abholen wird, und sehe mich im Spiegel: welche Unordnung auch in meinem Gesicht und dahinter!

Jemand wird ausziehen.

Zimmer und Seele zu vermieten.

Wer wird mich hier ersetzen, wo ich drei Nächte verbracht habe, schlaflos? Nie werde ich diese vier Wände wiedersehen, selbst wenn ich in diese Stadt zurückkehre. Zum Andenken an mich wird vielleicht etwas von meiner Verwirrung darin zurückbleiben, und niemand wird hier mehr Schlaf finden.

Und wer wird »Ihn« in mir ersetzen?

Die Leere.

Die Leere in mir und um mich herum.

Vielleicht habe ich ja auch den Glorienschein in meiner Tasche. Den Tod gewiss, aber wenn er gegen das Leben ebenso wirkungslos ist wie Serenol gegen Kaffee, dann bin ich immun. Es ist wahr, zu sterben bedeutet verschwinden, zumindest für die anderen, wie ich es gestern Abend in meinem Zimmer getan habe.

Man zieht sich zurück, um anderswo zu verbrennen, ohne Zeugen.

F. spricht mich heute Morgen an und meint, ich sei »melancholisch«. Man weiß, was das bedeutet. Er kann sehen, und er hat gesehen, welchen Weg die Zigarren nehmen, und das Übrige.

Das privateste Leben ist eine Staatsangelegenheit, die Diplomatie verlangt.

Am Morgen singe ich, aber es ist ein Klagelied, ein Threnos, ein Gebet. Wer es vernähme, wäre wohl weise, wenn er mir riete, zu sterben oder ins Kloster zu gehen.

Wäre ich ein Krüppel oder ein Aussätziger, würden meine Gefühle doch die gleichen sein, und worauf könnte ich dann Anspruch erheben?

Zwei Wesen sind in uns, das eine, das jeder sieht und das unseren Namen trägt, und ein anderes, verborgenes, mystisches, von allen unerkanntes: ich glaube, jemanden zu lieben, bedeutet, den Weg zu seinem geheimen, fabulösen Wesen gefunden zu haben, und all der Schmerz kommt von der Unklarheit, unweigerlich verursacht durch den Wechsel dieser beiden Zustände, die mal aufeinander folgen, mal sich überschneiden, ohne Ankündigung, und von denen oft einer den anderen verdeckt und von denen der offensichtlichere nicht der wirklichere ist. Diese Überlagerungen erregen uns und gefallen uns bisweilen auch. Die Koketterie stachelt das Verlangen an und betrügt oder enttäuscht es. Die Leidenschaft bricht hervor in den erhabenen und zufälligen Begegnungen, in denen sich das Gestirn, das wir sind, nach langer Finsternis zeigt, nackt und mit einem Mal nicht mehr fähig, seinen Glanz zu verbergen.

Einen Brief von Élise erhalten.

Wie kann ich auf diese ferne, reine Stimme, auf ihre Ansprüche antworten? Meine Ruhe und meine Freude, deren Behaglichkeit ich empfinde, sind dort; für einen Augenblick fühlte ich mich ihr so nahe, wie ich es nie wieder sein werde, wenn ich zurück bin, so nahe wie heute Abend.

Wie man sich fühlte, wenn man ein anderer würde! Wechsel der Ketten ohne Bedauern.

X. nimmt sich mehr und mehr wichtig, er hält sich für den Lorenzo, von dem ich gesprochen habe. Ich fühle mich allein. Ich fühle mich allein in meiner Art und bin froh, ihn in seinem Selbstwertgefühl bestätigt zu haben. Da stolziert er nun vor mir umher, mit Federn geschmückt, die ich ihm geliehen habe. Er will desto unwiderstehlicher sein, je weiter ich mich von ihm entferne: das ist meine Rache.

Ich blicke in Richtung meines Hauses, wohin die Zeit mich zurückbringt, langsam, wie auf einem Traumschiff.

Vielleicht hätte X. genügend Achtung für mich, um vor dem Verbrechen einer derartigen Taktlosigkeit zurückzuschrecken, die alles zwischen uns entweihen würde, aber A. ist bestimmt neugierig genug auf das, was mich betrifft, um ihn dazu zu bringen, sich ihm anzuvertrauen, wenn die Nähe zwischen ihnen so weit geht, wie ich vermute.

Abreisen, abreisen, das ist alles, woran ich noch denke. Aber nein, ich denke eigentlich an das Gegenteil von Abreisen; nach Hause zurückzukehren, auch in mich selbst zurückzukehren.

Samstag, Verzweiflung; ich spüre meine Grenzen, die Zelle, die Zwangskammer, die sich um mich schließt; eine Tablette nach der anderen, um zu schlafen. Hätte ich nicht die Hoffnung, vom Schlaf überwältigt zu werden, würde ich es nicht aushalten. Mag man noch so losgelöst sein von allem, alles ist schief gegangen. Die Gleichgültigkeit von X. wäre gar nichts: ich habe mich an sie gewöhnt, aber wie soll ich den Ausbruch seiner Bosheit ertragen?

Heute Abend hat er mich öffentlich gedemütigt.

X. organisiert eine Konferenz, von der man mich im letzten Augenblick ausschließt, unter dem Vorwand, man könne mich nicht einladen ohne T., den man nicht für vertrauenswürdig hält. Um T. nicht zu kränken, opfert man also mich. Unglücklicherweise vergesse ich meinen Schlüssel und treffe auf der Treppe unsere Verschwörer, die auf dem Weg zu einem Raum im Dachgeschoss sind. X., dem meine Verwirrung nicht entgangen ist, macht im Vorbeigehen einen schlechten Scherz: sein Auge leuchtet, er spielt die Katze.

Armer gequälter Hirsch, unter Tränen ziehe ich mich ins Finstere zurück.

Ein Glück, dass dies das Ende ist, mein Stolz in die Enge getrieben. Auf der einen Seite diese begeisterte Jugend, auf der anderen diese nörgelnden Alten. Ich bin weder jung genug, um den einen zu folgen, noch alt genug, um mit den anderen in ihren gegensätzlichen oder einvernehmlichen Verrücktheiten mitzugehen; also bleibe ich allein in meiner Ecke, die sich, je mehr ich mich in ihr einrichte, mit Messern und Stacheln spickt wie das Grab des Regulus, und ich mache keine Bewegung, ohne mich daran zu zerreißen, fasse keinen Gedanken, ohne ein Martyrium zu erleiden.

Gewiss, nie ist mir ein Monster begegnet, das besser beschaffen, geschmeidiger und zugleich unnachgiebiger, unerbittlicher wäre als X., der nie etwas gewährt und auch nie etwas verweigert, der nur gerade tut, was nötig ist, um einen am Leben zu halten, während er einen gleichzeitig dem Tod so nahe wie möglich bringt: was für eine Begabung als Folterknecht, ohne bestimmtes Ziel, aufgrund verschiedener Betätigungen und gleicher Gleichgültigkeit gegen alle! Er jagt so viele Hasen auf einmal, dass ihm die meisten wenig bedeuten. Als Jäger ohne erlegtes Wild ist es für ihn nur ein Spiel, das ihn amüsiert, einen im Vorbeigehen nach Luft ringen zu sehen, gefangen in seiner Falle, und hätte einen der Zufall ihm nicht unter die Augen geführt, würde er sich nicht die Mühe machen, seine Beute zu suchen.

Er hat ein paar Seiten meines *Tagebuches* gelesen und wirft mir zu, als wäre es ein Kompliment, ich sei ein »Dichter«. Was soll das bedeuten? Auf meine Kleidung achte ich nur, um ihm nicht zu missfallen. Es geht um mein Herz, das ist etwas ganz anderes. Allein unter Wölfen, als einziger meiner Art, gehe ich erblindet und betäubt umher, das Gedächtnis vernebelt von der Kraft meines Gefühls, aber mein Gefühl verdankt mir seine Kraft, die mir gehört, die ich selbst bin, und ich werde mich von ihm, von X., nicht so sehr aufreiben lassen, dass ich nicht mehr imstande wäre, mich wieder zu fassen.

Zehn Uhr dreißig. Das Konklave unterm Dach ist in vollem Gang. Ich bin allein auf meinem Zimmer. Jemand ruft an, will wissen, wo ich bin, ob ich dabei bin. Eine Sekunde später kommt N. aufgeregt herein, aber unter meinen Decken, wo ich mich vergraben habe, sieht er mich nicht. Als er ein zweites Mal erscheint, berichtet er mir, dass sie sehr gelacht hätten, als er behauptete, ich sei nicht in meinem Zimmer, von wo aus ich mich zur gleichen Zeit über die Leitung mit S. unterhielt. Mein Ruf als Gespenst festigt sich. Man wundert sich über meine vermeintliche Fähigkeit, mich an zwei Orten gleichzeitig aufzuhalten oder mich zugleich unsichtbar und hörbar zu machen. Sicher ist, dass die Täuschung unseres Versteckspiels aufgeflogen ist. Jeder glaubt, dass N. gelogen habe, und einige, dass die Konferenz in meinem Zimmer stattgefunden und dass auch ich gelogen hätte, als ich versicherte, ich sei allein. Am Ende war ich für alle dabei, darum ging es mir; und dass es mir gelang, es allen weiszumachen, ohne dass ich lügen musste, ist meine Vergeltung.

Sehr gut gespielt. Man schließt mich zur allgemeinen Belustigung aus: »Sobald M. G. nicht dabei ist, geschieht nichts Bedeutendes«, oder das Gegenteil, was aufs Gleiche hinausläuft. Aber M. G. war weder hier noch dort. Unter seiner Decke dachte er wohl nach über Dinge, die Staatsmännern und Witzbolden entgehen, obwohl ihn die eitle Gewichtigkeit der einen nicht weniger belustigt als die Leichtfertigkeit der anderen. Er hat etwas

Tragisches, Ungeahntes, Ungeeignetes, den Umständen Unangemessenes, das ihn hochwirft, zurückwirft, ins Abseits, einsam dort festhält, mit einem Glorienschein ausgezeichnet: man hat seine Tragödie, sein Schicksal, das man allein durchlebt und von dem niemand etwas versteht, ohne dass man aufhören würde, einzudringen in sämtliche Sorgen der anderen.

X. immer kälter, wichtiger, abweisender, rätselhafter. Ach, hätte ich das gewusst! Aber um es herauszufinden, musste ich die Unbesonnenheit begehen, deren Wagnis ich einging. Jetzt weiß ich es: nichts zwingt ihn. Er zwingt die Dinge und die Menschen. Jetzt bin ich ihm ausgeliefert, denn er kennt meine Maßstäbe, aber ich kenne auch seine.

Eines ist sicher: jetzt bin ich frei genug, um ihn zu sehen, wie er ist, nämlich viel schmaler, als ich dachte, aber gleichwohl sehr kräftig; ein Funktionär, dessen wichtigstes Mittel sein Charme ist; fähig, Friedrich den Großen dafür zu bewundern, dass er manchmal früh im Dunkeln aufstand, um Flöte zu spielen.

Will er sich und Ihnen gewisse Freiheiten gestatten, trinkt er, und wenn er nicht mehr betrunken ist, kann er sich an nichts mehr erinnern. Hier und da war X. für fünf Minuten mit mir intim, aber womöglich geschah das im Dienst, aus Neugier oder aus Höflichkeit.

Ich bot ihm das Schauspiel der Freundschaft, und er zeigte mir dessen Parodie.

Wieder einmal und unter den unglaublichsten Umständen bin ich ich selbst gewesen, das heißt, ich ließ mich von Äußerlichkeiten täuschen, von jemandem und von meinem Herzen.

Vielleicht hat er sich sogar über mich lustig gemacht. Soll er nur!

Im selben Maß, wie ich litt, war ich aufrichtig, und dafür achte ich mich.

Von nun an ziehe ich mich zurück auf meinen Turm, von wo aus ich sein Kommen und Gehen beobachten werde.

Er fasziniert mich nicht mehr.

Unmöglich, sich ganz einfach zu sehen und miteinander zu sprechen, überhaupt unmöglich, sich zu sehen und miteinander zu sprechen. Nichts gleicht einer Kriegserklärung mehr als ein Gefühl, das heftig genug ist, um zwei Menschen so sehr gemeinsam zu vereinzeln. Ein Protokoll, eine Art Liturgie regelt jetzt unsere notwendigsten und unsere nebensächlichsten Beziehungen. Man unterliegt einem besonderen Kodex, zu dem eine dunkle Macht womöglich den Schlüssel besitzt und der umso geheimnisvoller ist, je würdiger man sich seiner erweist, je weniger man auf den gewöhnlichen Wegen wandelt, sondern auf dem unberührten Pfad, den noch niemand beschritten hat.

Würde ich ihn hassen, wäre ich wohl noch zu sehr von ihm eingenommen; es geht darum, für mein Gemüt eine Beschäftigung zu finden, die mir hilft, mich abzuwenden, mich abzulenken von dem Gegenstand, der mich nicht von Minute zu Minute noch mehr verfolgen und beunruhigen soll als gewohnt.

Gestern sagte der Baron von M. zu mir:

»Nichts mehr vor Augen als die Bäume, das Getreide, die Herden, die ich verwalte; das kann einen retten.«

Und ich, was ist mit mir, was wird mich retten?

Mit vielen Nachwirkungen möchte ich Schluss machen.

Oh, diese Art, mir die Hand zu geben, mich heute Morgen zu grüßen, mich wie einen Trottel zu behandeln! Das bringt mich zur Verzweiflung.

Manchmal wiederum, wenn ich es will, scheine ich vielfache Fäden, die nichts zerreißen kann, um ihn und in ihm zu knüpfen, und ich muss nur den kleinen Finger heben, um die Maschen enger zu ziehen, und ihn senken, um sie wieder zu lockern. Wie auch immer, ich führe ihn ein wenig wie der Vogel die Schlange, die ihn fasziniert: wer von beiden ist der Herr?

Ein großes Gefühl verwandelt den, der es auslöst, in eine Statue, sogar für ihn selbst.

X. weiß nicht mehr, wie er sich vor mir ungehemmt und unbeengt verhalten soll, in meiner Gegenwart ist er wie gelähmt, und seine Verlegenheit nimmt er mir so übel, dass er über mich spottet, aber sein Spott befreit ihn nicht.

Seine Glieder sind meine Gefangenen, die Gefangenen meines Blicks, der sie versteinert.

Was geht in ihm vor? Habe ich ihn dazu gebracht, mir weh tun zu müssen, als könne er sich vor mir nicht mehr frei bewegen oder sich nur noch in abgehackten Silben oder in harten und knappen Worten ausdrücken, sobald er mich anredet? Merkt er, dass er zu Stein geworden ist? Er sträubt sich, er tobt, um sich zu befreien, er will mich schlagen, mich zermalmen, mich beseitigen.

Umso besser.

Die Maßlosigkeit eines Gefühls ruft in dem, auf den es sich richtet, zwangsläufig eine mindestens ebenso starke Mäßigung hervor, die ihr entgegenwirkt. Das ist ein unvermeidlicher Reflex. Warum sollte mich das wundern? Ich werde dadurch nur aufgefordert, zu retten, was zu retten ist.

Ende des Tages. Ende der Reise. Ende von allem.

Einen ironischen Blickwechsel zwischen R. und ihm entdeckt: Gleichgültigkeit meinerseits, beinahe unverschämt, offen, aggressiv gegen beide.

Um mich zurückzugewinnen, verdoppelt X. seine Aufmerksamkeiten, und ich bin so schwach, über seinem Triumph den Tag anbrechen zu lassen.

Ein paar freundliche Worte vor dem Wagen, der ihn für immer fortbringen wird, und ich ziehe mich vor seiner Abreise zurück.

Einer nach dem anderen verabschieden sich unsere Reisegefährten; ich bleibe allein zurück, und noch lange Zeit glaube ich, unter den unbekannten Passanten eine der vertrauten Gestalten zu erkennen, die uns seit Wochen begleitet haben, vor allem X. Die geringste Linie, die zu passen scheint, bildet sogleich seine Silhouette. Rasch vollendet meine selbstgefällige Reue die Zeichnung, und ich bilde mir ein, ihn immer noch in meiner Macht zu haben; aber nein, ein Augenblick der Prüfung oder des Nachdenkens macht die Chimäre zunichte.

Zum Glück finde ich tief in mir meine Élise wieder, aber wie schwer fällt es mir, sie mir vorzustellen. Jahrelang hatten wir uns nicht getrennt, und diese plötzliche und ausgedehnte Abwesenheit hat die Brücken zwischen uns abgebrochen und ihr Gesicht aus meinem Gedächtnis gelöscht, als fände ich keinen Weg mehr zu ihr. Alles muss ich neu zusammensetzen, ihre Gesten, ihre Stimme, alles entzieht sich mir. Darauf folgt eine leidenschaftliche Neugier. Fast ist es eine neue, unbekannte Frau, die ich wiederfinden werde, so sehr habe ich alles von ihrem Körper und ihrer Seele vergessen, als würde ich sie nicht wiedersehen, sondern kennenlernen und von neuem entdecken. So sehr ich auch alles verlernt habe, was sie ausmacht und was sie angeht, so sehr fühle ich mich von ihr angezogen. Mein Herz wird ganz sanft und heiter, wenn es sich ihr zuwendet. Ich denke an ihren Brief: dass unser Haus alles sei, was uns bleibe, das nicht beweglich ist, dass alles andere unsicher sei, dass dort die Heimat sei, unsere Heimat, unser Mittelpunkt und alles, was sie an Sicherheit, Vertrauen, Ruhe umschließt.

Wenn ich mich zu dieser Reise befrage, habe ich das Gefühl einer Verfehlung. Die Ursache ist eine gewisse Erschöpfung sowie meine Absonderung, ohne Auslass für meine Eigenheiten. So tat sich ein Riss auf, und ich war nicht mehr Herr über mein Wesen, das sich dorthin entfernte und ein eigentümliches Licht warf, sorgsam verschleiert, damit es nur der Betroffene wahrnahm: natürlich im Galopp, und man scheint auf der Stelle zu treten wie alle anderen.

Der Überschuss meiner inneren Handlung allein hält mich aufrecht; das Vorrecht auch einer einmaligen Geheimschrift. *Ineffabile individuum.*

Erinnerungen an Deutschland
Reisetagebuch 1941

3. Oktober

Ein Freund besucht mich und sagt: »Nur du kannst es dir leisten, diese Reise zu machen, ohne dass ich es dir übel nehme.«

Anmerkung zu meiner Abreise: unbedingte Loyalität. Meine Zusage war nicht überraschend, auch wenn sie mich selbst ein wenig überrascht hat, aber von dem Moment an, als ich ja gesagt hatte, bin ich nicht mehr davon abgerückt. Keine Ausflucht, kein Zögern, keine Zurücknahme meines Wortes, nicht einmal im Herzen, auch wenn es mich an den Galgen bringen sollte! Mir ist der Tod tausendmal lieber als der geringste Anschein von Drückebergerei.

*

4. Oktober

Was gibt es Unmenschlicheres, Befremdlicheres als die Bequemlichkeit? Peinlich, so weich, so angenehm in dieser Kabine zu liegen, die eine Maschine durch die Nacht trägt, während das ganze Universum unter Schmerzen verreckt.

Gegen zwei Uhr morgens Geräusche aus einer Schmiede, in der man arbeitet und auf Deutsch singt: ein Volk, das singt, geht nicht unter. Ich beneide den Schmied, die Kraft, die Energie ist mein Leben lang das Einzige, was ich geachtet habe, und das Wenige, was ich mir davon bewahrt habe, hilft mir, mich zu ertragen, meine Schwächen mir zu verzeihen.

*

5. Oktober

Aus meinem fahrenden Fenster Blick auf die Grabstätte Karls des Großen. Messe im Kölner Dom. Mittagessen gegenüber. Die Stille der Stadt ist geradezu zwanghaft spürbar für unsere Ohren, die übersättigt sind mit dem Gegacker von Paris.

Fünf Uhr abends. Bonn. Wir steigen ab im »Goldenen Stern« und besichtigen die Universität. Am Abend Empfang im *Rathaus*, wo ich einen Oberst als Nachbarn habe, Offizier der Rekrutierung. Seine Ausführungen sind überaus scharfsinnig: »Einmal«, sagt er mir, »verlangt man allen Ernstes von mir, einen freigestellten Organisator nicht zur Armee zu schicken, den Deutschland nach dem Krieg brauchen werde, um seine Kolonien zu verwalten. Ich antwortete: er solle uns erst einmal helfen, sie zurückzugewinnen.« Dann erzählt er mir, wie er als junger Mann nach Paris kam. Der Concierge seines Hotels gibt ihm freundlicherweise eine Karte für ein kleines Theater, wo man zufällig ein Melodram über das Elsass spielte, und dort hört er, wie sich das Publikum auf einmal empört, wie es Beschimpfungen hagelt, auf wen? – »Ich beließ es dabei«, sagt er mir, »mich in den Falten meiner Zeitung zu verbergen, aber niemals im Leben hatte ich das Gefühl einer tieferen Ungerechtigkeit. Unbefangen war ich nach Frankreich gekommen, aus Sympathie, aus Bewunderung, aus Freundschaft, und ich traf dort auf Kränkung. Mein Herz jedoch verbitterte nicht.« Man musste diesen Mann sehen und hören, um seine Höflichkeit, seine Freundlichkeit und bald auch seine vornehme Gesinnung schätzen zu lernen: »Sie werden die Tragweite meiner Worte besser verstehen, mein Herr, wenn ich Ihnen sage, dass mein ältester Sohn im vergangenen Jahr irgendwo bei Ihnen gefallen ist und dass ich sechs Monate später das einzige Kind verlor, das mir geblieben war. Und dennoch, mein Herr, hege ich gegen niemanden Groll. Ich habe mir sogar, wie Sie merken, meine gute Laune bewahrt; immerhin habe ich meinen Beruf, der mir meine Gesetze gibt und mich ablenkt. Meine Frau ist mehr zu bedauern, sie hat nur ihre Trauer.«

Später wurde eine Rede gehalten über die Hochzeit Europas, für die man heute Abend die Verlobung feiere.

*

Schönheit der beiden Säle, in denen man uns empfing, wo auf perlgrauem Grund, azurblau hevorgehoben, in barocken Goldrahmen die ganzfigürlichen Bildnisse der Fürstbischöfe von Köln herrschten: zwischen den Fenstern überall Spiegel, welche die kristallenen Kronleuchter vervielfachten, die Schilde und Wappen aus dem Rokoko, nichts jedoch strahlte von erhabener Glut mit größerem Glanz als die Augen des *Oberbürgermeisters* und des Herrn Hövel.

*

Nach dem Empfang Spaziergang im Mondschein zusammen mit H., mit Ch. und mit F. zum Rheinufer.

Auf dem Weg hinauf zu unserem Hotel kommen wir an einem Haus vorbei, innen erleuchtet, in dem man Gesang und Tanz hörte. Ein Paar macht sich davon: ein Seemann und ein schönes Mädchen mit blonden Zöpfen: sie gehen im Polkaschritt, von einem Fuß auf den anderen, die kleine Straße hinunter zum Fluss und singen (es ist schon lange nach Mitternacht): *Am Rhein, am Rhein.* Um sich darin zu ertränken?

Mondwunder am *Rathaus*platz, dessen azurblau und perlgrau schlafende Säle ich mir vorstelle, wo die Geisterbilder der Prälaten von einst herumspuken wie im Traum.

Meine Seele, deine Stunde wundersamer Entrückung und geheimer Herrlichkeit ist hier gekommen.

Von Beethovens Haus erinnere ich mich nur an die Aussicht auf die umliegenden Gärten und Häuser, die von den Fenstern aus zu sehen waren: etwas Italienisches, vielleicht wegen der Nische, in der ein Heiliger Joseph väterlich herrscht, den man wie zufällig dort abgestellt hat.

Erinnerung auch an die alte, staubige Orgel, auf der Beethoven als Kind in den Frühmessen der Minimiten spielte: eine Art rauchfarbener Küchenschrank mit groben hölzernen Griffen, ähnlich den Pilzen an unseren Kleiderständern auf dem Land.

*

Aber nach wie vor bin ich vor allem fasziniert vom aufmerksamen Herrn Hövel: von der eigentümlichen Architektur seines Gesichts, das an den Kieferknochen breit ist und sich zur Stirn hin verjüngt. Schöner Verlauf seiner breiten Lider eines gebildeten Beamten, über blassen Augen liegend, aus denen ein scharfer Blick wie eine Spitze hervorsticht, der einen bisweilen erfasst und überwältigt, schwer wie eine Klinge aus Blei.

Nächtliche Betrachtung: Für wen oder für was bin ich gekommen? für Frankreich und für mich, denn seit ich lesen, verstehen und fühlen kann, liebte ich Deutschland, seine Philosophen, seine Dichter, seine Gelehrten, seine Musik, aber seit 1940 liebe ich es noch mehr, wegen all des Schadens, den es uns hätte zufügen können und den es uns nicht zugefügt hat, und auch wegen jenes Schadens, von dem es ohne Frage verhindert hat, dass man ihn uns zufügte.

Wie sollte ich mich auch nicht daran erinnern, dass ich mit zwölf oder dreizehn Jahren mit einem unbekannten kleinen Schüler von dort irgendwo Postkarten wechselte und dass die Wärme seiner einfachsten Ausdrücke die verzweifelte Kälte der meinen abmilderte.

*

Legitimität und Logik meiner Anwesenheit; Konsequenz meiner Haltung, stets im Einklang mit sich selbst.

Obwohl ich seit dreißig Jahren in Paris lebe, wurde ich dort niemals zum Pariser oder zum Kosmopoliten, ich blieb dort einer vom Land, zumindest aus der Provinz, und zwar ein Provinzler aus dem Zentralmassiv, das heißt, aus dem tiefsten Innern von Frankreich: die Nabelschnur, die mich mit meiner Heimatstadt verbindet, ist nicht abgerissen.

Keine Politik. Nur 1936 zutiefst gekränkt, weil ich mich von den Juden regiert fühlte, trotz meiner Freundschaft mit einigen von ihnen; also verließ ich meine Einsamkeit und schrie empört auf in der Öffentlichkeit; ohne Metapher schrieb ich in meinem Leben einen einzigen Zeitungsartikel (die drei oder vier weiteren, die folgten, zählen nicht), aber wie schwer war es für mich, ihn zu veröffentlichen. Von der *Action Française* abgesehen, hinderten mich die Juden und ihre Komparsen daran, mir Gehör zu verschaffen, aber auch dort konnte ich mich nur verdeckt äußern, und diejenigen, die mir dies ermöglicht hatten, haben es mir niemals verziehen, obwohl die A. F., ohne mich zu fragen, den wichtigsten Abschnitt meines Aufsatzes gestrichen hat, nämlich den, in dem ich zu bekennen wagte, dass ich mich weniger weit entfernt fühlte von Herrn Hitler als von Herrn Blum.

Wer nicht die Beleidigung fühlte, die uns damals zugefügt wurde, kann meine Reise von heute überhaupt nicht verstehen, und auch nicht die ganze gegenwärtige Wirrnis, denn nur das, was ich 1936 empfand, führt mich folgerichtig heute Abend nach Bonn: Alles, nur kein jüdischer Sieg, alles, nur keine jüdische Herrschaft, und das würde eine deutsche Niederlage für uns bedeuten in diesem Krieg, der ein jüdischer Krieg ist.

Ich glaube inzwischen, dank Deutschland wird das Schicksal der Juden für Europa zumindest negativ geregelt werden, bis es eine angemessenere, vollständigere, umfassende Lösung gibt; aber die positive Seite des Problems, die das Gesicht der Welt verändern wird, ist die des Verhältnisses zwischen Deutschland und Frankreich, deren Annäherung, deren Freundschaft ich mir wünsche. Es geht hier um nichts weniger als um eine gänzliche Umwälzung der Bündnisse, und diese Umwälzung hat die Bedeutung einer Revolution.

*

Ich bin gekommen, um zu beweisen, dass ein weiterer Franzose nicht deutschfeindlich ist, und war ich auch bislang nicht von großem Nutzen, so würde ich heute meinen Körper gerne zu einer Brücke zwischen unseren beiden Ländern machen: sie finden bereits brüderlich zueinander, zumindest in meiner Seele.

6. Oktober – Bingen

Folgten vormittags dem Rheintal von Bonn nach Bingen. Blick auf die Lorelei aus der Ferne, und genau in diesem Moment schaukelte in ihrer Nähe, damit vor dieser tragischen Kulisse nichts zu unserer Ergriffenheit fehlte, nicht einmal die Tragödie, ein einzelnes Boot, in dem ein einzelner Mann ruderte, halb verloren im Nebel.

Girlanden von Burgen und Kirchtürmen auf der ganzen Strecke, wie auf den Stichen von Gustave Doré.

In Bingen: den Mäuseturm aus der Ferne gesehen; wir besichtigen lieber das traurige Haus von Stefan George, im Schatten einer großen Mauer. Man nimmt an, dass es diese große Mauer nicht immer schon gab und dass das Haus einst ein heiteres war. Innen schöne Bücher, die man gerne im Sonnenschein läse, im Beisein des Engels von Botticelli, der sich beim Mittagsdessert von Minute zu Minute über unsere Tische beugte, die Arme beladen mit Früchten.

*

Nach dem Mittagessen überqueren wir den Rhein, um in einem Winzerkeller siebzehn Weine aus einer wohlbedachten Auswahl zu verkosten, verteilt in einer sehr klugen Abfolge, die uns von Grad zu Grad und von Jahr zu Jahr bis zum besten führt: ein dicker goldener Likör, der für einen Augenblick unseren Sauternes verblassen ließ: tausend Francs die Flasche.

Biblische Inszenierung bei der Ankunft: drei nackte Bretter auf Böcken, trapezförmig angeordnet, wie zur Feier einer ländlichen Messe, gewissermaßen des Abendmahls. Vor jedem Sitzplatz ein Deckchen, auf dem feierlich ein Glas und ein Brötchen ruhen. Junge Mädchen in rheinischer Tracht, bestickt mit Weintrauben, bedienen uns; jede Flasche, die sie bringen, eingewickelt in weiße Tücher, wie einen Säugling.

Beim Aufbruch schäkert J. Ch. mit einer der Kellnerinnen und vergisst dabei sein Gepäck.

*

Im Zug, der uns nach Frankfurt bringt, Gespräch mit Herrn Schlecht und H. Baumann: dieser hat die entzückende Einfachheit eines Bauernjungen: er ist sechsundzwanzig Jahre alt, wirkt aber wie achtzehn, und zweieinhalb Millionen Exemplare seiner Lieder überziehen Deutschland. Für mich ist er der Psalmendichter des Reiches, ein kleiner David.

Herr Schlecht hat ein erstaunliches Gesicht: bittere, traurige, geradezu schmerzliche kantige Lippen umschließen seine Zähne, ohne sie zu verbergen, als würden sie von einem engen Band in das Zahnfleisch gepresst, während sich sein sanfter, heiterer Blick von einem Augenblick zum anderen aufhellt vor verrücktester Freude.

Wegen seines Namens nenne ich ihn Mephisto, und wir machen uns lustig über seine organisatorischen Fähigkeiten.

*

7. Oktober – Frankfurt

Um zwei Uhr nachts gehen unter unseren Fenstern Menschen vorbei, begleitet von einem Schwall von Liedern.

Ein Volk, das singt, wird nicht untergehen.

Morgens Spaziergang in Hochheim durch die endlosen Weinberge der Stadt: 50 000 Liter Wein im Jahr.

Mittagessen in Mainz, mit Blick auf den Rhein. Wir besichtigen den Dom; romanisch, aber erbaut in der vollen Blüte der Gotik, wurde er im Stil des Rokoko in den Höhen vollendet, wo auf den Spitzen der Türme sich seine barocken Laternen entfalten.

Ein wenig gebetet, wenigstens in der Geste und tief im Herzen.

Blicke auf den Dom vom Kreuzgang aus, wo das Grab für einen Domherrn des Kapitels ausgehoben wird, der, wie man uns sagt, 150 Kilogramm wog: entsprechende Grube. Monsignore war zweifellos klein, rund, ein Fettkloß, aber von bester Art, ganz Güte und ganz Wissenschaft: wahrer Tabernakel des Heiligen Geistes, sofern man den Tränen der Totengräber Glauben schenkt.

Im Gutenberg-Haus fällt mir vor allem die Besonderheit der blassen jungen Frau mit aschgrauem, lockigem Haar auf, die uns die ersten Versuche des Buchdrucks erklärt und vorführt.

*

Großartiger Empfang im Kurfürstlichen Schloss: doch mit einem Mal fühle ich mich vor diesem so starken Volk, wenn ich an Frankreich denke, ein wenig betrübt. Eine Stimme in mir wiederholt: »Bleibe stolz, mein Vaterland, aber bescheiden. Nichts kann etwas ausrichten gegen das, was existiert und, da es sein Maß kennt, so klug ist, seine natürlichen Grenzen nicht zu überschreiten.«

Als das Ballett zu Ende ist, kommt die Primaballerina zu mir und ruht sich aus, und der Dirigent sitzt gegenüber. Wir sprechen über den Tanz, über meine Frau, während ich, um meine Melancholie zu zerstreuen, den Kopf von Herrn Zwisler zeichne, der Beethoven verblüffend ähnlich sieht, aber mit einer phantastischeren Ausprägung der Formen: gleichsam eine Bürde des Genies.

Bemerkenswert das Kostüm der Mainzer Weinkellner, die wie unsere Metzger gekleidet sind: lange blau und weiß gestreifte Kittel unter weißen Schürzen mit Latz und Trägern.

Der Wunsch, X. zu sagen, dass ich sein Freund bin. Von nun an werde ich freier mit ihm sein, im Reinen mit mir, aber das heißt, sich weit einzulassen.

Wort von C. R. – Das geheime Deutschland hat seinen Kaiser: Friedrich Hohenstaufen. (Der Mystizismus triumphiert immer noch tief in der germanischen Seele.)

Pracht von *Mainz*: lange verfolgt mich das rosafarbene Schiff seines Doms, das inmitten der Weinberge und der riesigen blauen Rheinkarpfen im Abend schwimmt.

Später, ich weiß nicht warum, spüre ich, gegenüber

von X. dem Schein der Nachtbeleuchtung des Zuges ausgesetzt, wie mich eine Art sprachloser und regloser Verzweiflung überkommt: die Tränen fließen langsam über mein Gesicht in der Nacht. Gleich nach der Rückkehr nach Frankfurt ziehe ich mich zurück und schlafe ein.

*

8. Oktober, Mittwoch, Frankfurt

Morgens. Goethes Haus; ich will mich nur an das Fledermaus-Cembalo erinnern und an ein Porträt der noch jungen Mutter des Dichters: er ist dort schon Zug für Zug vorhanden – an die Laterne mit zwei Kerzen, auf die der Herr Rat Anspruch hatte (das war ein Privileg) –, an den großen Luxus der Wasserpumpe im Haus (davon gab es in Frankfurt nur drei, eine zweite bei den Fürsten und eine weitere bei den Rothschilds). Wir gehen an dem Schreibtisch vorbei, an dem *Faust* geschrieben wurde, und wir schmunzeln über die Gemälde, die nur in Auftrag gegeben wurden, weil man nicht wusste, was man mit den Rahmen anfangen sollte; nichts aber berührt mich mehr als das kleine Fenster, von dem aus sein Vater das Kommen und Gehen von Wolfgang bei seiner ersten Freundin beobachtete, der Tochter des Krämers von nebenan.

Freier Abend. Ich gehe allein spazieren.

Vielleicht ist der Dom kein Wunderwerk, aber seine Atmosphäre ist so ergreifend, als wäre er schöner. In ihm wohnen die Geister so vieler Kaiser, die dort gekrönt wurden, dass einen nirgendwo auf der Welt, im Vorbeigehen überraschend erhascht, unvergleichlicher rote Strahlen von Purpur blenden noch in dichterer Dunkelheit glänzendere Schichten von Gold.

Oh, wie gern würde ich an einem Sommermittag durch die mystische und vollkommene Dunkelheit spuken, die diese Kirche in ihrem Schoß umschließt, und dort einen Sonnenstrahl auf dem Gesicht eines teuren Menschen finden.

Zuvorkommende Liebenswürdigkeit übrigens, dort durch eine Französin empfangen zu werden, die kleine Martin, eine Karmelitin, ein bisschen besser nur als meine kleinen Martins aus Guéret.

Goethes Seele überall: gewiss katholisch, hörte die Tochter des Krämers, die seine ersten Spiele teilte, jeden Sonntag unter diesen Gewölben die Messe.

*

Am Abend werden wir nach dem Essen von einem Mann mit breitem Schnurrbart und breitkrempigem Hut eingeladen, der uns seit Hochheim begleitet. Nur ich finde bei ihm eine Ähnlichkeit mit Nietzsche: in dem Kellergewölbe, in dem wir uns mit ihm getroffen haben, ereignet sich der bezeichnendste Vorfall. Ein Sänger hat es gewagt, sich vor uns über einen großen englischen Dichter lustig zu machen: Moritz Jahn, deutscher Dichter, bleich vor Empörung, steht auf und verlässt die Versammlung, die für ihn Partei ergreift. Man läuft ihm nach, man holt ihn zurück, man klatscht Beifall, und der Sänger muss schweigen. Bewundernswertes Deutschland, unfähig zur Majestätsbeleidigung: immer wacht jemand in dir, um die gebührende Achtung für die Dichtung und den Geist zu bewahren.

In diesem Keller sitze ich zwischen X. und H. B. Ich sage zu X:

– Sie sind mein Bruder.

B.:

– Sie ehren ihn sehr.

– Aber auch Sie, Hans, sind mein Bruder.

Große Vertrautheit, und als wir Arm in Arm in die Nacht hinausgehen, wie wir eine Statue mit drei Figuren erblicken:

X.:

– Die drei Herren von Frankfurt.

Arm in Arm erscheinen uns unsere Schatten in diesem Moment genau abgebildet auf dem Pflaster:

X.:

– Aber das sind die drei (sagen wir) Freunde.

X. hat ein anderes, selteneres Wort verwendet, das golden in unseren Herzen klingt und nicht missbraucht werden kann.

*

Noch nie erschien mir meine Einsamkeit so groß, ohne dass sie mir etwas von meiner Geselligkeit genommen hätte. Das heißt, ich bringe mir zum ersten Mal bei, mich unter den anderen zu bewegen, ohne etwas von mir selbst zu verlieren. Diese Gewandtheit ist sehr nützlich und angenehm. Sie ähnelt jener des Schwimmers im Wasser und des Heiligen im Licht der Gnade. Ich hätte nicht gedacht, dass sie mir erlaubt sei.

*

So spüre ich, wie ich mit X. und B. für Augenblicke auf die Ebene einer zauberhaften Vertrautheit gleite. Wie frei sie sind, frei in ihren Bewegungen und in ihren Worten, freier als viele Leute bei uns, frei, wie man es vielleicht nur im Traum ist, frei mit Pflichten, frei von jener Freiheit, die sich mit allen Arten von Tugenden belohnt; Stärke allein bedingt und gewährt ein gewisses Vergessen der Schwerkraft, jene Leichtigkeit, die das Kleingeld des Mutes ist.

Wenn wir zurück sind, werden wir uns rühmen können, wir seien Menschen begegnet.

*

Bevor ich einschlafe, denke ich an meinen einsamen Spaziergang: Oh, welche Freude, durch eine fremde Stadt zu streifen, dort wahllos Unbekannte anzuhalten, um sie irgendetwas auf Französisch zu fragen und ihre Überraschung zu erleben.

Just vor dem Haus der Rothschilds spielten mit heldenhaftem Ernst zwölfjährige Kinder Soldaten; die Großmütter standen auf den Bürgersteigen, um ihnen bei ihren

Manövern zuzusehen, und in ihrem Lächeln war eine Art stiller Stolz, der mich freute:

– Lakedaimonien, Lakedaimonien, du brauchst keine Mauern.

*

Stets ein Stubenhocker, vor allem fern von zu Hause und sogar in diesem fliegenden Lager. Wie die Könige (das ist eine Ansicht von mir, eine grundlose Anmaßung, eine Aneignung, ein gespielter Stolz, der mich belustigt) habe ich das Gefühl, mich mit meiner Wohnung fortzubewegen.

H., C., F., sie machen sie aus, sie begleiten mich überall hin, und ein jeder von ihnen kann das Gleiche sagen, indem er mich für seinen Kammerherrn oder seinen Kämmerer hält. Unmöglich, mir mich ohne sie, vollzählig, hier vorzustellen. Fehlt ein einziger von ihnen, fühle ich mich verlassen. Ich schlottere, als hätte der Wandschirm, hinter dem ich mich eingerichtet habe, gerade eine seiner Flächen verloren. Ich brauche sie alle drei.

*

Allerdings gibt es keinen Tag, an dem ich mich nicht für eine Sekunde weiter entfernt fühle von meinen Gefährten als von unseren Gastgebern, nämlich wenn sie über Politik sprechen. Die Unterscheidungen, die Feinheiten, in die sie vordringen, kommen mir so nutzlos, so müßig vor. Ich bin wirklich der Glücklichste, weil ich mir einen eigenen, losgelösteren, gemütlicheren, wenig beneidenswerten, scheinbar bescheidenen Platz geschaffen habe, jenen des »Dichters«. Nur in dieser Eigenschaft habe ich die Reise angetreten.

*

Der eine ist Redner und weiß zu plaudern, der andere ist Analytiker und wahrt im alltäglichen Einerlei stets den rednerischen Stil. Jeder schweift auf seine Art ab. Die Unterhaltung ist im Grunde nur eine bloße Übung in Virtuosität. Man spielt »Tonleitern« durch, und man führt Variationen aus, jeder über ein Lieblingsthema.

In diesem Moment spricht mein Erster, es ist ein Solo. Mein Zweiter erwidert, und schon sind sie gemeinsam unterwegs: es ist ein Duett über Tunesien oder über die Ukraine. Und den Refrain stimmen sie gemeinsam an. Wir sind Besessene.

Der Deutsche ist viel gelöster als wir. Das liegt daran, dass er keinen Wert auf die Worte legt; er spielt nicht mit ihnen: er spielt nicht, er handelt. Sein Gespräch ist weder beflissen noch feinsinnig wie das unsere. Viel mehr Schweigen, unterbrochen von weniger eitler Musik.

*

Wie sehr ein bemerkenswerter Mann ein Kind sein kann! Wenn er spricht, glaube ich manchmal, dass ich schlafe oder dass meine Aufnahmefähigkeit nachlässt, aber gerade in diesem Augenblick ist er plötzlich, wie soll ich sagen? erwachsen geworden, geradezu großartig, und alles ist gerettet: ich werde wach, um ihm zuzuhören.

Auch ich habe meine Kindlichkeiten, es sind nicht die gleichen, sie sind schlimmer.

Ich liebe die Sanftheit meines Zweiten; die ihm eigene Art von Jungenhaftigkeit; was für eine gutmütige große Geduld, eigentlich! die einer ungeheuren Animalität, über der eine philosophische Idee von großer Spannweite schwebt, umgeben von allen Anklängen der Dichtung. »Man« weiß alles. »Man« hat alles gelesen, in allen Sprachen. Wie unwissend bin ich neben ihnen; neben ihnen streichele ich meine Unwissenheit, ein Kätzchen auf meinem Schoß, und manchmal frage ich mich, ob ich ihretwegen, wegen meiner harmloseren Intellektualität, von uns dreien nicht der »Natürlichste«, der Klarsichtigste und damit der Entschlossenste bin, wofür es kleine äußere Anzeichen gibt, auf die ich mir nicht wenig einbilde; aber wie sehr mag ich sie beide, so wie sie sind, und wie sehr achte ich sie. Ohne sie wäre ich hier unmöglich. Ich brauche ihre Vorzüge; die Fülle des einen gleicht meine Mängel aus, und der Glanz des anderen wirkt meiner Düsternis entgegen, aber mit mir sind auch sie weniger allein.

Ich werfe ihnen manchmal ein wenig nur vor, dass sie uns dreien zu viel Bedeutung beimessen und uns dadurch vielleicht etwas mehr davon nehmen, als wir besitzen.

*

Welche Freude, gegen jedermann, auch gegen sich selbst, frei von Vorurteilen zu sein! Ich sehe alle, und immer sehe ich mich, nur in diesem einen Augenblick, in dem ein jeder von uns allein ist, vollkommen allein, in dem uns nichts mehr bleibt, nichts Eigenes mehr; weder die Natur, noch die Welt, noch der Mensch, noch unsere Freunde sind uns noch eine Hilfe; unser Körper ist uns eine Last; er wird uns verlassen wie ein altes Kleidungsstück. Was bleibt uns dann, wenn uns nichts mehr bleibt als wir selbst, wenn wir uns enttäuscht haben?

*

Manchmal denke ich an die fernen Folgen dieser Reise. Aber selbst wenn sie sich als tragisch erweisen sollten, würden sie mich nicht eine Sekunde erschrecken. Ich weiß, warum ich mich auf den Weg gemacht habe, und wenn ich mich geirrt habe, würde mich die Großherzigkeit meiner Absichten davor bewahren, mir den geringsten Vorwurf zu machen.

Das Leben von so unterschiedlichen Menschen zu teilen, so verschieden und uns so nah; die miteinander kämpfen, sehen sich nicht; würden sie einander erkennen als das, was sie sind, fielen ihnen die Waffen aus den Händen.

*

Angesichts der etwas auffälligen, blendenden Reize, die X. einsetzt, nenne ich ihn »Monster«.

F.: – Siehe da, die Sprache Racines.

*

9. Oktober, Donnerstag, Heidelberg

Abfahrt aus Frankfurt um neun Uhr dreißig am Morgen. Ankunft zum Mittagessen. Gutes kleines Studentenzimmer ohne Luxus. Besuch des Schlosses, Herr Delwig in meiner Nähe: er erzählt mir von der neuen Ausrichtung der Pädagogik in Deutschland: Wunsch, der starren Haltung des Soldaten ein wenig Geschmeidigkeit zu verleihen: die planmäßige Militarisierung des Regimes sei nur vorläufig, man neige mehr und mehr dazu, durch Sanftheit zu erobern, ohne dass die Rede davon wäre, auf Gewalt zu verzichten oder sie auch nur zu vernachlässigen, aber es sei an der Zeit, an den Triumph des Geistes zu denken, den man nur aus Notwendigkeit vorübergehend geopfert habe: künftig sei für Deutschland nichts wichtiger als seine Kultur.

Schwierigkeit der Rolle des Herrn von H., Dolmetscher der Karawane und großer Europäer, als Kind hat er alle Sprachen gelernt, und er bedient sich ihrer als erwachsener Mann mit einer rühmenswerten Wortgewandtheit. Er weiß sich als Grandseigneur zu benehmen und büßt in jedem Augenblick für dessen Vorrechte. Die Neuen Männer, die ihn umgeben, gehorchen einem ganz anderen Rhythmus, der sich als überlegen erweist: ihre Gewandtheit und ihr flinker Blick überraschen ihn fast immer verspätet oder verkehrt, unerwartet oder unbedacht, aber wie gut ergänzen sie sich, er und sie, und wie unentbehrlich ist er (ebenso wie sie) für den guten Fortgang unseres Ausflugs, unseres Abenteuers. Auch wenn er nur eine untergeordnete Rolle spielen mag, weiß man das nicht, man musste es uns erst sagen, damit wir es glauben. Besser nämlich als jeder andere versteht er es, als Herr mit den Hoteliers zu sprechen, mit Bediensteten, mit Kofferträgern, und sich Gehorsam zu verschaffen; das ist eine alte Gepflogenheit, die man nicht lernen kann, ein Atavismus, daher kommt man instinktiv zu ihm, um Befehle entgegenzunehmen, als sei er der Chef. Dabei kann man sich nicht vorstellen, dass er eine Truppe befehligt, nicht einmal einen Soldaten.

*

Was für ein Wunder ist dieses Heidelberger Schloss, an dem das Feuer ebenso mitgewirkt hat wie der Architekt. Man kann sich kaum vorstellen, dass das Feuer und die Jahrhunderte diese Fenster und diese Statuen verschont haben – immer noch aufrecht unter freiem Himmel in so ungeheurer Höhe und getragen nur von Spitzen aus Stein. Nirgendwo hinterlässt die Romantik ein Bild davon, was ihr zu gefallen vermochte, das größeres Ansehen hätte, das mehr mit Magie zu tun hätte. Von morgens bis abends und von abends bis morgens spielt das Licht auf dieser Leinwand, es elektrisiert sie; dann durchläuft ein leuchtendes Kaleidoskop alle lebhaftesten Farben; oder es erlischt, wenn das Licht sich zurückzieht, und nimmt, sich selbst überlassen, die düstersten, unheimlichsten und geradezu unterweltlichsten Töne an, und da liegt die Stadt geduckt im Tal, die diesem Schauspiel beiwohnt wie einem fortgesetzten Feenzauber.

Als ich plötzlich daran denke, dass wir für diese Verwüstung verantwortlich sind, bin ich ein wenig verwirrt, aber es ist jemand da, der mich beruhigt:

– Im Gegenteil, mein Herr, Heidelberg ist den Herren Tilly, Turenne und Lorges unendlich dankbar, dass sie aus diesem hässlichen Herrenhaus eine so tragisch schöne Ruine gemacht haben.

Unter allen setze ich dem Bürgermeister von Heidelberg, seinem schönen Gesicht, der Vornehmheit seines Geistes, seiner Seele in meiner Seele ein unvergängliches Denkmal. Wie er mit uns über seine Hoffnung auf ein baldiges Wiedererstarken Frankreichs sprach, gestehen wir ihm, dass der Schmerz vielleicht für Frankreich nicht wie für Deutschland der Anlass sein werde, sich zu läutern, sondern zu verzweifeln, und er ruft aus: – »Nein, ich halte mich an Meister Eckharts goldene Regel, das Leiden ist der einzige Weg zur Selbsterkenntnis und zur Selbstvervollkommnung.« Später, melancholisch: »Muss ich Ihnen gestehen«, sagte er zu mir, »dass ich einen Grund mehr habe als meine Sympathie für Frankreich, um es zu lieben: zweimal in meinem Leben habe ich das Drama erlebt, die Waffen gegen das Land zu führen, das die Heimat meiner Mutter ist.« Dann erzählt er uns, wie er während der Invasion 1940 als Offizier in Clamecy nach einer Durchsuchung, die einen Tag und eine Nacht dauerte, und nach dem Abgleich von tausend Hinweisen, das Archiv des interalliierten Generalstabs entdeckte.

*

Ich unterhalte mich mit dem jungen Dichter H. B. und sage: – »Die Bücher sind unsere besten Freunde.«

– »Und wir?«, ruft er empört und deutet mit der Hand auf X. und auf sich.

Nicht alle allerdings mögen uns hier, aber die, die uns nicht mögen, sind keine Deutschen. Ch. hat das gerade bitter erfahren. Einem europäischen Schriftsteller, der mit uns reist, stellt er sich als sein Verleger vor.

– Sie? Mein Herr, mein Verleger? und mit welchem Recht? Wenn Sie es sind, dann ohne meine Erlaubnis.

– Ich bedauere das, antwortet Ch., aber in diesem Fall ist es Ihr Verleger, der sich nicht mit Ihnen im Einvernehmen befindet. Für mich genügt es, wenn ich es mit ihm bin.

Und höflich fährt er fort:

– Nun, Mein Herr, teilt man mir mit, dass Sie ein neues Werk geschrieben haben. Ich habe die Freude, Sie persönlich um die Erlaubnis zu bitten, es zu veröffentlichen.

– Nein, mein Herr, nein, antwortet der andere, auf meinen eigenen Wunsch wird keines meiner Bücher in Frankreich erscheinen.

Um meinen Lesern jede unnötige Mutmaßung zu ersparen, stelle ich gleich klar, dass es sich hier um einen Sonderling handelt und dass er, nach den Worten seiner

Freunde, keineswegs die Geisteshaltung der kleinen Nation, der er angehört, uns gegenüber vertritt.

*

Am Abend glaubt ein junger Flame, der gut hundert Kilogramm wiegt und einen Meter neunzig groß ist, nach dem Trinken, als es gleich Mitternacht schlägt, ebenfalls zu mir kommen und, in Gegenwart von zwei Zeugen, sagen zu müssen:

– Ich bedauere sehr, mein Herr, mich Ihnen als ewiger Feind Frankreichs vorzustellen.

Ich entgegne ihm, dass ich ihm dankbar dafür sei, mich davor so offen gewarnt zu haben, da weder Frankreich noch ich es ohne diese Vorsorge vielleicht jemals bemerkt hätten.

*

Eine einzelne Dame beschäftigt uns, die wir immer wieder verlieren, welche Unabhängigkeit! Weiß sie nicht, dass wir alle verpflichtet sind, moralisch und allein schon aus Höflichkeit, auf sie zu warten, wenn sie sich verspätet, und die Gegend nach ihr abzusuchen, sobald sich herausstellt, dass sie nicht auffindbar ist. Sie tut immer genau, was sie will, alles, was sie will, im übrigen reizend und mit der größten Liebenswürdigkeit der Welt. Manche nennen sie ironisch »Madame Compère« (*qu'on perd*, die man verliert); andere, weil sie die einzige Frau unter uns ist und die bulgarische Literatur vertritt: D. D. aus Bulgarien.

*

Rührend zu sehen, wie unsere Koffer getragen werden von all jenen Armen, die der Krieg verschmäht hat. Der Grandseigneur, den wir kennen, befehligt nach wie vor diese Armee; auch er bewegt mich sehr: welche unermüdliche Güte und Langmut er hat! wie anders wäre seine Rolle vor zwanzig, vierzig Jahren gewesen! Er mag sechs Sprachen beherrschen, denkt er denn rückwärts? Nein, ich glaube, es ist die siebte Sprache, welche nur er spricht, die ihn so besonders macht; jene seiner Gesten, seines Manierismus, die wir im übrigen besser verstehen als seine Landsleute und die ihn uns in dem Maße näher bringt, in dem sie ihn von ihnen entfernt. Genauso wenig wie er sind in der Tat wir auf der Höhe der Zeit; wir kommen mehr oder weniger zu spät; vor allem aber in ihm liegt das alte Europa im Todeskampf; man sieht es sterben, man sieht es verstorben, eine Art Phantom, das sich bisweilen in furchtbarer Einsamkeit regt: zu große Arme, die überall herumhängen, auch zu lange Beine, die sich gegenseitig behindern, und dieser Regenschirm, der aus seinem Spazierstock magisch herauskommt, und diese Mäntel und Schals, die an ihm unaufhörlich hinab- oder hinaufgleiten, als wüsste er nicht mehr genau, ob ihm warm oder kalt ist, immer dabei, sich zu verhüllen oder zu enthüllen, wie die Sterbenskranken. Bin ich der Einzige, der ihn mit zu vielen Aufmerksamkeiten umkreist, die ihm am Ende verdächtig vorkommen? Es sieht so aus, als fürchte er meinen Blick; denn trotz aller Zuneigung, die er mir einflößt, sehe ich ihn so, wie er ist, und er spürt es und schämt sich am Ende dafür, als wäre er nackt. Seine besondere Art bricht so stark hervor im Kontakt mit jener Jugend, die ihn umgibt und ihn hart, unbarmherzig auf den Friedhof führt, wo ich ihn fromm beisetze.

*

Heute sollten wir, gemäß dem für ganz Europa vorgezeichneten Programm, nach Straßburg fahren. Wir erklären, dass es für Franzosen unter den gegenwärtigen Umständen unmöglich sei, diese Etappe nicht zu überspringen. Man versteht sofort unsere Skrupel, man geht sogar so weit, uns zu sagen: »An Ihrer Stelle würden wir als Deutsche tatsächlich genauso handeln.«

*

11. Oktober – Freiburg

Wer ist dieser bewundernswerte Mann, der sich gerade, mit dem Blick eines wilden Ebers, zu mir gesetzt hat und ganz sanft zu mir sagt: »Ich würde gerne mit Ihnen sprechen, mein Herr, aber vielleicht möchten Sie lieber schweigen«?

Und als wir uns kennengelernt haben:

– Ich verabscheue die Jagd: warum sollte ich einem Reh etwas antun, das mich mit den Augen eines vierzehnjährigen Mädchens ansieht?

Es ist der Schriftsteller Hermann Burte.

*

Festhalten, dass das Erste, was ich mit den Augen suche, wenn ich ein neues Hotelzimmer betrete, mein Harmonium ist, als hätte ich nichts lieber bei mir, und nur seine Abwesenheit zeigt mir, dass ich anderswo bin.

*

12. Oktober – Freiburg

Hochamt im Münster mit H. B., C. R. und X.

Vor dem Gottesdienst sehen wir den Bischof auf einem Sonnenstrahl aus seinem Palast treten.

Danach steigen wir hinauf bis zur Turmspitze und am Abend bis 1200 Meter auf den Schauinsland.

Um den Tag mit seinen Gegensätzen zu vollenden: am Abend besuchen wir das heidnische Erntefest, bei dem hübsche badische Mädchen auftreten mit ihren bunten Kugeln auf dem Kopf.

Schließlich das Abendessen, bei dem ich neben Frau Wilhelm Schäfer Platz nehme, und wir fassen sofort Vertrauen: Seit dreißig Jahren, sagt sie mir, habe sie kein Französisch mehr gesprochen: man merkt es nicht. Sie trug zudem einen Namen wie bei uns, »de Fabrice«, und ihr Ahnherr linker Hand soll derselbe sein wie der von George Sand: man sagt, es sei Moritz von Sachsen.

Frau Schäfer spricht gewiss ein Lob der Trägheit aus, wenn sie sagt:

– Ach! Wären wir doch fauler!

Ist das ein Bedauern? Ja, denn sie wünscht sich, dass wir uns lieben, und bezweifelt, dass die Deutschen jemals aufhören können, sich zu überarbeiten, und wir, das Leben zu genießen, damit wir einander verstehen, unsere Rhythmen im Einklang.

*

Wir verstehen uns auf Anhieb, sie und ich, so gut, dass sie um Mitternacht ihrem Mann, indem sie ihn mit der vorzüglichen Anmut eines jungen Mädchens umgarnt, Zigarren entwendet, um sie mir zu geben.

Als wir über alles gesprochen haben, sogar über den Kanzler, sagt sie auf meine Frage, welches Leid ihr der Krieg zugefügt habe: – »Oh! fast nichts. Mein Sohn, der 32 Jahre alt ist, ist erblindet, und mein Schwiegersohn wurde getötet, aber uns bleiben ihre Frauen und ihre Kinder, die unversehrt sind.«

In diesem Augenblick treiben die Engländer uns auseinander. Alarm.

Als ich allein auf der Straße stehe, nutzt ein junger deutscher Offizier die Dunkelheit aus, um sich mir zu nähern, meinen Arm zu ergreifen und mir anzubieten, mich durch die finsteren Gassen der Stadt zum Hotel zu geleiten.

Schon oft hatte ich ihn um unseren kleinen Kreis herum wahrgenommen und geglaubt, ihm vorwerfen zu müssen, dass er sich nicht früher vorgestellt hatte: – »Oh!«, sagt er zu mir mit einer naiven und charmanten

Bescheidenheit, »es ist nämlich so, dass ich kein Dichter bin, ich bin nur Philologe …«

Ist X. eifersüchtig, auf dem Gipfel dieser Finsternis? Er stürmt auf mich zu, und mit seiner üblichen Ironie zischt er mich unverhofft an:

– Wagen Sie es, noch einmal zu sagen, dass ich ein Monster bin.

Am selben Tag die Bekanntschaft des guten Doktor Acito gemacht, Professor für »faschistische Philosophie« in Mailand: eine Art Balbo im Gewand des Mephisto, den die Verneinung aber nicht ausgezehrt hat, nach wie vor rundlich: viel weniger politisch, was immer er sagt, als ein Kirchenvater nach der Art von Joseph de Maistre: er trennt das Schwert nicht vom Kreuz. Der Heilige Stuhl taucht in seinen Ausführungen immer wieder auf, und wenn er einen zu fassen bekommt, legt er, durch und durch Professor, seine gesamte Doktrin dar: primo, secundo, tertio. Er zitiert bei jeder Gelegenheit Paulus und Ambrosius mit einer Genauigkeit, die man kaum überprüfen kann. Zum Glück muss man ihn nur ein wenig auf den Arm nehmen, um ihn von diesen Höhen herunterzuholen und ihn dazu zu bringen, der menschlichste, einfachste und fröhlichste Mann zu sein, den es gibt, und Herr von Hutten, der ihn duzt und den er duzt, versteht es wunderbar, den Doktor in Alfredo zu verwandeln: »Alfredo hier, Karl da.«

Vor allem der Antisemitismus des Doktor Acito ist köstlich: »Die Kirche kann eigentlich«, behauptet er, »nicht antisemitisch sein, da sie einmal im Jahr am Karfreitag offiziell für das jüdische Volk betet; aber in Wirklichkeit kann sie es doch sein, da es in der Tradition der Bischöfe und Päpste liegt, Israel stets misshandelt zu haben ...« Wir, als lateinische Christen? können uns, ganz im Ernst, immer noch gut auf diese Spitzfindigkeiten einlassen ... Aber wunderbar ist es, wenn der gute Doktor mit rührender Arglosigkeit, die nicht durchdringt, an unsere Gastgeber gewandt ausruft: »Eines verwirrt mich, nämlich dass die Vorsehung mit ihren Zielen den Kampf gegen die Juden einem Feind der Kirche anvertraut und ihm tatsächlich den Sieg über sie gewährt hat.« Die Deutschen fragen sich wohl, wer gemeint ist. Der Jude war ihnen lästig, also entließen sie ihn. »1°/die Katholizität, 2°/die Romanität, 3°/die Ländlichkeit«, fährt der Apostel der neuen Zeit fort. 4°/– »Alfredo!«, ruft Herr von Hutten – »Karl!«, antwortet der Doktor Acito, und man spricht von etwas anderem.

Am 13. Oktober von Freiburg nach Lindau

In Konstanz esse ich zu Mittag mit einem unbekannten deutschen Offizier, der mit viel Gefühl auf Frankreichs Zukunft trinkt.

In Meersburg ruft H.B. vor einer triumphierenden Jungfrau aus dem fünfzehnten Jahrhundert aus: »wer das Heilige tötet, tötet Deutschland.«

Wir sind jetzt auf dem See, und das Licht ist so schön, dass der Sohn von C. R., der zehn Jahre alt ist und uns vom Ufer aus grüßt, glänzt und groß wird wie ein Erzengel.

Wer wird mich trösten, dass ich kein Kind habe? dass ich nicht nutzlos auf die Erde gekommen bin! Habe ich wenigstens mit dem »Heiligen« zu tun? Man hat gesagt, ich sei des Teufels. Was bedeutet schon der Name! Gott weiß es.

X.: – Wir müssen wohl alle durch das Chaos hindurchgehen und die Ordnung herstellen.

Werden bestimmte Grenzen jedoch überschritten, bewegt man sich in besonderen Zwischenräumen, zu denen der gewöhnliche Sterbliche keinen Zutritt hat. Es wäre Poesie, würde es nicht etwas noch Selteneres sein. Das Gewicht der Worte hat fast nichts mehr mit dem meiner Gefühle zu tun. Es ist eine neue und geheime Sprache, die ich erschaffen muss, die alle Welt hören wird, wobei jeder das hinzufügt, was ihm wichtig ist, ohne jemals zu wissen, worauf ich allein ewig anspielen werde.

Wäre ich nicht gekommen, würde ich weder X. noch B. noch R. kennen, aber als ich mich entschied zu kommen, wusste ich nicht wirklich, was ich tat. Ich habe es mir erst viel später eingestanden.

Vorher habe ich aufrichtig gewarnt, dass ich als »Dichter« nur allein möglich sei. Man entgegnete mir, das sei genau das, was man wolle, man habe die berufsmäßigen

Journalisten und Chronisten satt. Aber was zum Teufel! hat mich aus meinem Rahmen hinabsteigen lassen? Ich werde mich verhalten wie ein verrückt gewordenes Bild. Ebenso gut befreie man die betende Figur aus einem Triptychon und fordere sie auf, sich dem Lauf aller Welt anzupassen! Ich brauchte meine wohlbedachten und enggezogenen Grenzen. Als Schlafwandler folge ich immer nur meinem Traum, und ich werde alles verderben. Schade um die Fanfare!

– »Aber nein!« Man beruhigt mich.

Etwas Tragisches, Unvorhergesehenes, den Umständen Unangemessenes bringt stets bestimmte Menschen hervor, stellt sie ins Abseits und versieht sie dort gleichsam mit einem Heiligenschein: auch wenn das Äußere so bescheiden und einfach ist, dass niemand darauf achtet: man hat sein Drama, sein Schicksal, das man allein spielt, von dem niemand etwas versteht und von dem man niemandem auch nur schattenhaft etwas anvertraut, ohne dabei aufzuhören, in die Sorgen aller einzudringen und sowohl an der Leichtigkeit der einen als auch an der Ernsthaftigkeit der anderen teilzuhaben. Ihre Größe im Hinblick auf das Ewige kann denen nicht entgehen, die sie besitzen, aber umso eher dulden sie, dass sie im Hinblick auf die Menschen nichtig zu sein scheinen, und es ist die seltene Verbindung von Bescheidenheit und Stolz, mit der man die Verwirrung und das Licht um sich herum an ihre Grenzen bringt.

Dienstag, 14., München

Im Hotel Bayerischer [Hof] Besuch von Hanns Johst: »Zwischen Frankreich und Deutschland«, sagt er zu mir, »fällt kein Schatten mehr, wenn Frankreich es will«; dass die territoriale Frage in einem ganz neuen Geist betrachtet werde; dass der Deutsche von heute nicht mehr der Deutsche von 70 oder 14 sei; dass es ihm nicht mehr wichtig sei, etwas zu tun, das ihm allein wichtig sei, sondern etwas, das über ihn hinausgehe; dass Deutschland sich in der Lage fühle, sein Vorhaben zu verwirklichen, dass es den Willen und die Kraft dazu habe; dass es nur bedauerlich sei, dass das Wort »Europa«, dessen man sich bedienen müsse, so zweideutig und verdächtig sei; dass es schon zu oft benutzt worden sei, leider! und zu entweder falsch bestimmten oder unsauberen Zwecken; zumindest zu eigennützigen, aber dass das gegenwärtig verfolgte Ziel den Vorzug habe, originell und frei von imperialistischen Absichten zu sein; dass der Deutsche von heute zum Beispiel eine aufrichtige und tiefe Achtung für Frankreich empfinde und dass das Missverständnis, das die beiden Völker trennte, ein Ende finden müsse; dass der Deutsche sehr gut verstehe, wie schwierig es für den Franzosen sei, von einem Tag auf den anderen seine Sympathien umzukehren und seine Interessen auf eine für ihn so unvorhergesehene Art und Weise auszurichten; dass man schlechte Erinnerungen, die noch ganz frisch seien, und andere, die so alt seien, gewiss nicht so schnell zerstreuen oder auslöschen könne; dass der Hass, mindestens das Misstrauen und die Furcht tief eingeübte Gewohnheiten des Herzens und des Geistes seien, die man aufgeben müsse, und dass dies die schwerste Anstrengung sei, der man sich selbst unterziehen könne, gleichsam eine Art Bekehrung: »Aber«, so schließt Hanns Johst, »wenn wir es schaffen, einander zu vertrauen und Freundschaft zu schließen, können wir in Ruhe sterben.«

»Nein, nichts«, ruft er wenig später aus, »absolut nichts an unseren Auseinandersetzungen ist wesentlich, weder für Deutschland noch für Frankreich. Alles hängt nur von den Formen ab, den Moden, dem Schein, so dass es genügen würde, wenn unsere beiden Vaterländer ihre blutigen Gewänder fallen ließen und sich nackt anschauten, und die Geschichte wäre plötzlich auf den Kopf gestellt.«

Schließlich: »Meine Mutter war nur eine Bäuerin, aber eine vornehme«, vertraut er mir an, »sie hatte ihre Ehre dareingesetzt, Französisch zu lernen, und weil Ihre Sprache ihr die schönste der Welt zu sein schien, war sie nur sonntags bereit, Französisch zu sprechen.«

Die Moral von La Fontaine, bei der die meisten Franzosen stehen geblieben sind, ist unser größtes Elend, weil sie nicht mehr der Zeit entspricht. Wenn wir die Zukunft verpassen, wird das nur deshalb der Fall sein, weil wir dabei stehen geblieben sind, weil wir es nicht geschafft haben, umzukehren und es zu wagen, gefährlich zu leben.

*

Besuch in der Münchener Gemälde-Ausstellung: der Beruf stellt dem Talent Fallen, sogar dem Genie, und früher oder später tappen sie hinein.

Der Angriff der polnischen Reiter auf die deutschen Panzer ist kein Mythos. Ein Gemälde stellt ihn dar. Wenn dies auch kein Meisterwerk ist, so ist es ein Dokument.

*

Von einer bestimmten Rhetorik zu einer bestimmten Ethik. Die Weigerung, bestimmte Wörter zu verwenden, macht den Stil viel eher aus als die Verwendung mancher anderen. Gut schreibt man nur, wenn man sich auf das Wesentliche einlässt, allein auf das Ungesagte, weil man die banale Einladung eines gefälligen, aber weder guten noch richtigen Begriffs nicht annimmt, weil man den Lockungen eines Adjektivs widerstand, dessen schale Koketterie man rechtzeitig durchschaut hatte. Wörter haben ihre Bühnen, sie üben ihre Verführung aus. Es liegt an uns, uns zu wehren, und die Gefühle setzen uns denselben Gefahren aus. Es genügt eine Sekunde der Unachtsamkeit, und im besten Herzen wird alles verdorben, die edelste Leidenschaft strauchelt, besudelt sich mit Gewöhnlichkeit oder mit Langeweile. Zumindest bei gewissen Themen sich in Schweigen hüllen, es sich versagen, selbst einem Freund anzuvertrauen, was er zu gerne wissen möchte, wenn man seine Ausstrahlung bewahren will.

Ich spüre das Konventionelle im Ton und auch in der Sprache von S., sobald er zu reden beginnt, und das ist nicht wieder gutzumachen. Er kann nichts mehr sagen, das mich interessiert. Ich höre ihm nicht zu. Die Stimme ist falsch: ob sie zu hoch oder zu tief ansetzt, der Ausdruck ist entsprechend: sie kann nichts Wahres herausfiltern; vertraulich, wenn sie erhaben sein sollte, oder umgekehrt, und immer ein Mangel an Ernsthaftigkeit, der zwischen den Silben der gewichtigsten Wörter aufsteigt, zudem eine übertriebene Beschäftigung mit dem Trinken oder Essen, die sich mit den göttlichen Ideen vermengt wie der Geruch aus der Küche oder aus der Kaschemme mit dem Duft von Weihrauch. Das ist ein selbstgefälliger Virtuose, der verschiedene Stücke aufführt, jedes genauestens nach dem Geschmack des Publikums, ein Phonograph, der automatisch die Platten wechselt und sich damit begnügt, jede Musik, die man ihn vorzutragen gebeten hat, ob schlecht oder gut, nach seiner Art zu verändern.

C. R. sagt zu mir, dass es 1918 in Europa nur einen einzigen Marschall gab, und das war Hindenburg; dass es auch heute in Europa nur einen einzigen Marschall gibt, und das ist Pétain; dass der Kanzler dies nicht verkennt, dass nicht der Marschall ihm entgegengekommen ist, sondern er dem Marschall, und dass Marschall Göring deshalb nicht eifersüchtig ist; dass eine gewisse Parallelität zwischen der Physiognomie Frankreichs heute und jener

Deutschlands im Jahr 1918 dazu angetan ist, das Herz Deutschlands für Frankreich zu gewinnen.

*

Zwischen Norwegen, Schweden, Dänemark, Flandern, Holland, Kroatien und Deutschland gibt es echte und sehr innige Gemeinsamkeiten, und wäre es auch nur der gewöhnliche Gebrauch derselben Sprache, obwohl jedes dieser Völker sein eigenes Idiom hat, so wäre das schon viel, aber es gibt noch viele weitere Gründe für die Vereinigung, eine verhältnismäßige Gleichheit der Lebensauffassung, die ihre Verbindung, fast ihre Einheit, fördert und fordert.

Frankreich, Italien, Spanien und Finnland hingegen haben jeweils eine eigene Persönlichkeit und sprechen unterschiedliche Sprachen, die sich von der deutschen Sprache unterscheiden, aber ich habe den tiefgründigen Eindruck, dass gerade diese Unterschiede dahin wirken, zwischen Deutschland und diesen vier Nationen eine Harmonie herzustellen, die für den Rest der Welt weitaus nützlicher ist als die Ähnlichkeiten der anderen, die zum Ganzen des Konzerts nur Noten und Klangfarben von minderer Bedeutung oder Qualität beitragen.

Die Physiognomen sagen: Gesicht in Unordnung: Güte.

Die Nase ist schief; weder der Mund noch die Augen sind an ihrem Platz, aber zum größten Wohl aller: eine allgemeine Fürsorge und alle besonderen Aufmerksamkeiten: Ich spreche von Doktor Henning. Das Volk, das zwei gesellschaftlich so weit voneinander entfernte Männer wie Doktor Henning und Baron von Hutten dazu bringen kann, zusammenzuarbeiten, ist wahrlich ein großes Volk! Manchmal gehen sie sich auf die Nerven, der eine zu schnell, der andere zu langsam oder zur Unzeit allzu achtsam in den Augen des anderen, dann wieder hört man sie in Liebe zu ihrer gemeinsamen Aufgabe, die von allen beiden zur Vollendung ausgeführt wird, einander vertraulich und unter Tränen loben: gute Menschen, großzügige, heilige Naturen!

*

Donnerstag, 16., München, Salzburg

Bevor wir München gegen acht Uhr morgens verlassen, schlendern Ch. und ich Arm in Arm über den Gehsteig des Bayerischen Hofs. Ch. trägt seine wiedergefundene kleine Handtasche und ich meinen grünen Tiroler Lodenmantel; beide warm eingemummelt, die Schals verknotet.

C. R. und X. sehen uns von fern auf und ab gehen und brechen plötzlich in Gelächter aus:

– Sehen Sie, sagt X., da kommen die beiden letzten Exemplare des alten Europa.

Zu X., später: – Es hat Ihnen bloß noch gefehlt, dass Sie mich lächerlich machen.

X.: – Ich Sie? Die Worte sind das eine, die Gefühle

etwas anderes. Und außerdem wissen Sie doch, dass Sie jung sind?

*

Bevor ich vor dem Hotel den Arm von Ch. ergriff, als ich auf der Suche nach der Theatinerkirche allein durch das Viertel schlenderte, begegne ich meinem ersten Juden in Deutschland, versehen mit dem Judenring (das heißt, mit einem gelben Stern von zehn Zentimetern Durchmesser, in dessen Mitte in blauen Großbuchstaben »Jude« geschrieben steht).

Mein Blick richtet sich zuerst auf das Zeichen, mit einer Art von entsetzter Erschütterung, und dann in die Augen des Gepeinigten.

Es war ein Jude, der nicht wie ein Jude aussah, hager und blass, sehr bescheiden, von Kopf bis Fuß in schwarze Serge gekleidet, mit einem kleinen, ebenfalls schwarzen festen Hut, den Schnurrbart gestutzt; er hatte etwas von einem Messdiener.

Da kommt ein alter, gewichtiger Herr, kein Jude, mit langem Bart vorbei, sieht ihn von weitem und grüßt ihn mit tiefer Verbeugung. Ein wenig überrascht anscheinend und wegen meiner Anwesenheit erfreut über den Respekt, den er einflößt, versucht er zu antworten, aber leider! zu spät, vor lauter Eifer und wahrscheinlich auch, weil das Drama ihn lähmt, das sich zwischen uns abspielt.

Der Schock war so heftig gewesen, dass ich mich tatsächlich anschickte, ihm zu folgen, beinahe ohne es zu merken, aber da er auf der Welt nur noch meinen Blick wahrnimmt, sich immerzu umdreht, ebenso fasziniert, wie ich es bin, verzichte ich, um seiner Unruhe ein Ende zu bereiten, darauf, mich zu den Theatinern zu begeben, deren Vorbau ich indes zweihundert Meter von uns entfernt sehe. Erinnerung hier an die Jüdin, die mich an einem Gründonnerstag daran hinderte, den Karmel in Madrid zu betreten.

*

Als man im Gang des Zuges immer wieder vorbeikommt und alle zu uns herüberzusehen scheinen, fragt jemand:

– Warum gehen die Leute hier so auf und ab?

X., immer noch sardonisch: »Sie kommen, um das Monster zu sehen.«

*

Salzburg

Im Dom hören wir am Nachmittag Mozart, und wir machen uns auf den Weg zur *Festung*.

Als ich im Hof von weitem französische Gefangene sehe, die das Pflaster ausbessern, bitte ich den Führer, Deutsch zu sprechen; er versteht das Gegenteil. In meinem ganzen Leben werde ich den Ausdruck der Augen und die Bewegung der Gesichter dieser Männer nicht vergessen, die plötzlich, ohne Vorwarnung, im Exil den Klang der Sprache des Vaterlands hören; wenn sie gesehen hätten, wie sich der Himmel öffnete, würde sie das Konzert der Engel nicht stärker entzückt haben, aber die Überraschung, die Verzauberung währte nur kurz; oder hat das Außergewöhnliche nichts Unwahrscheinliches mehr im Angesicht des Unglücks, wenn man dessen letzten Kreis erreicht hat? sie schienen sich nicht einmal zu fragen, wie das Wunder geschehen war; als hätten sie es ganz natürlich gefunden, setzten sie, schon wieder gebückt, ihre Arbeit fort.

Ich war viel zu bewegt, um nicht auf den Spaziergang zu verzichten: in der wunderbaren Sankt-Georgs-Kirche zogen mich die Statuen der Apostel aus rotem Marmor an. Ich schloss mich allein mit ihnen dort ein, und wie lange vergaß ich mich dort? Als ich wieder auf die Schwelle trat, fand ich niemanden mehr. Auf dem Höhepunkt der Verwirrung sah ich zum Glück einen unbekannten Priester auftauchen, der sich nicht damit begnügte, mich zurück auf den rechten Weg zu führen, sondern erst mit mir im Reinen war, als er mich bis zur Tür meines Hotels gebracht hatte, wobei er über Paracelsus und Homöopathie sprach.

*

»Salzburg, ich besuche dich zum dritten Mal, und du bist eine der drei Städte der Welt, in denen ich leben möchte.«

Ebenso verwirrt wie damals, bin ich mir näher, oder habe ich mich von mir entfernt?

Ach! hätte ich doch die Muße, zum Attersee und zum Höllengebirge zu gelangen!

Aber wie bin ich hierher zurückgekommen? Auf welchem Weg? Die Gespenster werden wieder lebendig, sie führen ihre Farandole um mich herum auf, der ich allein bin, und ich weiß nicht, ob mein Unbehagen größer ist, weil ich sie als so gegenwärtig empfinde oder weil ich ihrer Gegenwart nicht gewiss bin. Meine Erregung, so scheint mir, genügt ihnen nicht, genügt auch mir nicht; das Drama von heute, das jenes von vor fünfzehn Jahren überdeckt; ich bin schuldig gegenüber meinen Erinnerungen. Sicher ist: ich bin immer noch derselbe, verwundet vom selben Pfeil, der mir nie erlauben wird, etwas anders zu erleben als eine Agonie, die zu verbergen ich mich bemühe.

*

Immer noch dieselbe innere Neigung, göttliche Worte wuchern zu lassen um ein unbewegliches, einmaliges Bild: das ist ein unmögliches Wagnis, das auf mein zwölftes Lebensjahr zurückgeht und sich mit zunehmender Beharrlichkeit und Wucht wiederholte, wobei die Übereinstimmung mit mir selbst jetzt zur Notwendigkeit und die Vertrautheit mit meiner Träumerei zu einer fortdauernden Sinnestäuschung wurde. Die Dichtung ist eine Welt für sich, in der ich am Rande der Menschen lebe. Wie kann man Teil einer Gruppe sein, wenn man mir ähnlich ist? ich erweise mich dort sofort, wird F. wahrscheinlich sagen, als »komisch«, wegen Abwesenheit. Wäre ich allein, würde die Unannehmlichkeit geringer sein. Ich versuche, mich unter meine Mitmenschen zu mischen, an ihren Gesprächen teilzunehmen, aber das Gebäude, das ich wie eine Kathedrale von Gefühlen mit mir herumtrage, vereinzelt mich inmitten ihrer Festlichkeiten, und der Sturm meiner eigenen Erregung übertönt alle Worte, bevor sie mich erreichen. Manchmal ist die Ruhe, die ich vortäusche, vollkommen, aber über meine Stirn geht ein Leuchten, oder in meinem Schatten bricht ein Schluchzen aus, die um mich herum das Unsichtbare verraten, in mir die Existenz von Feenzaubern, denen ich beiwohne, oder von Foltern, die ich erleide, und schon bin ich ohne Verbrechen verdächtig, und beunruhigt sind die, die ich beruhigen wollte.

*

In meiner Kindheit antwortete in meinem Beisein ein heiliger Mann jemandem, der sich darüber wunderte, dass man nicht wisse, wann er sich dem Schlaf hingab (seine Lampe ging niemals aus. Ging er schlafen, stand er auf wie jedermann? niemand schloss die Augen nach ihm, und niemand öffnete die Augen vor ihm) … »Ich schlafe so viel wie jeder andere, aber ich schlafe schneller.«

*

Wenn man die Grenzen der Natur überschreitet, besitzt man alles. Man lebt im Äther, einer Art »Feuer«, das nichts aufhalten kann, wo man von allem aufgesucht wird, was es vielleicht wert ist, uns zu gefallen und uns zu beschäftigen. Dank der Art ebenso wie der Kraft meines

Empfindens bin ich nun frei von Schlaf. Als vergäße ich im Schlaf meine Seele und als raubte ich ihr, indem ich sie vergäße, etwas von ihrer Herrlichkeit, kaum schließe ich die Augen für eine Sekunde, weckt mich etwas in mir mit Gewalt und wirft mir dieses Versagen als eine Form von Majestätsbeleidigung vor.

Erinnerung hier an die ersten Disziplinen meines Geistes und meines Herzens, an das kontemplative Leben, welches das Glück und die Ehre meiner Jugend ausmachte. Triumph auch der gewohnheitsmäßigen Tatkraft, die ich vor allem dem Vorbild meines Vaters verdanke.

*

Man gewöhnt sich an die Angst, aber nicht daran, sich mit ihr überrascht und beobachtet zu fühlen. Auch die Anpassung einer ruhigen Gruppe an die Unruhe eines Einzelnen, die sich manchmal einstellt, wirkt Wunder; eine gemeinschaftliche Macht des Gefühls ergibt sich und überträgt sich geheimnisvoll von einem auf den anderen, so dass jeder, ohne zu wissen, wie dies vor sich geht, empfindsamer wird für sich selbst und für alles, was ihn umgibt; so erlaubt das Vorhandensein bestimmter Bilder, dass das Wunderbare hier und da in das gewöhnliche Gewebe der Wirklichkeit einsickert, einer anderen, selteneren Wirklichkeit, wie Schlieren, und dass Blinde von Zeit zu Zeit das Licht erblicken, Taube bestimmte Akkorde hören, Tote für einen Augenblick wieder einen Anschein von Leben gewinnen. Trugbild um den Dichter und beinahe Wunder: die Versenkung und die Leidenschaft geben eingeschlossene Wellen frei, Ausflüsse der Gnade, welche die Natur selbst, durchdrungen von Übernatürlichem, reichlich enthält.

*

Vor allem im Theater geschah während der Mozart-Aufführung etwas, das an ein Wunder grenzte: diese Loge, in der ich mich vor fünfzehn Jahren in Begleitung einer Frau befand, ich wandte mich immer wieder um, um sie zu betrachten, und es schien mir, als würde ich mich selbst betrachten – grauenhafte Gegenüberstellung! welches war das wahre Ich? Von *Don Juan* bis zur *Hochzeit* der Abgrund. Immer wieder drehte ich mich wie fasziniert um, und mein Blick von heute begegnete meinem jüngeren Blick von vor fünfzehn Jahren oder dem meiner Begleiterin, und wenn ich mich nicht umdrehte, spürte ich ihre Anwesenheit wie einen schweren Block aus Eis, der meinen Nacken berührte, mich von Kopf bis Fuß erschaudern ließ, bevor er mich zerquetschte, meine Schultern zerschmetterte. Ich stellte fest, ich war derselbe, nur dem Tod etwas näher, viel weniger liebenswert und immer noch empfindsamer; nützliche Gegenüberstellung.

*

Das Leben ist manchmal so reich, dass man es ablehnt, nach langer Zeit erweist es sich als so übereinstimmend mit dem, was man sich erträumt hat, dass man die Augen schließt. Man will seine Vorstellungskraft nicht der Herrschaft des Wirklichen unterwerfen. Ist es Scham oder Neid? Der Zufall eines Banketts am Morgen hatte einen Russen von ganz Stendhalscher Art an meine Seite gesetzt, der, seit zwanzig Jahren in Salzburg ansässig, dort seine Zeit zwischen dem ausschließlichen Studium Schopenhauers und dem Umgang mit Schauspielern aufteilt. Am Abend brachte er, vielleicht um mir eine Freude zu machen, die Truppe, die uns gerade verzaubert hatte, in die Halle des Grand Hotels, aber diese Freude war eine allzu gefällige Parodie auf eine meiner Erinnerungen, um sie zuzulassen, geschweige denn sie anzunehmen oder sich ihr auszuliefern! Ich zog es vor, allein in meiner Ecke zu schmachten und die Gesichter, die sich unter den Masken von Figaro, Cherubino, der Gräfin und Marzelline verbargen, niemals kennenzulernen.

*

Wir saßen nebeneinander in der ersten Reihe des Parketts.

Dem Flamen gefiel »Figaros Hochzeit« nicht.

Nach dem zweiten Akt teile ich ihm aus Höflichkeit meine Empfindung mit. Der Rahmen, die Inszenierung, die Interpretation waren das Vollkommenste, was man sich menschlich nur wünschen kann.

– Sie werden mir gestatten, antwortet mir nach all dem mein Nachbar entschieden, nicht Ihrer Meinung zu sein, alles, was wir gerade gesehen und gehört haben, ist nichts als Künstlichkeit und Konvention.

Darauf verschloss eine ernste und verächtliche Grimasse Mozart und mir für immer den Zugang zu diesem groben Gesicht.

*

Auch der Kroate hat sich nicht von der Anmut der »Hochzeit« berühren lassen, aber der Grund ist ein anderer. Ich glaube, er kann den nahen Krieg und die ständige Unsicherheit seines Heimatlandes nicht vergessen. Der Luxus und die Verfeinerung, die einem solchen Werk innewohnt, muss in seiner Seele die heimische Armut und irgendein Bewusstsein der Unvereinbarkeiten verletzt haben, das eine andere Art von Armut ist, diese sogar noch reiner und noch edler. Leider! oder auch nicht, die Zivilisation hat uns, uns, oh Jean-Jacques, längst unfähig zu solchen Skrupeln gemacht, und wir haben keine Entschuldigung, nicht einmal die des Elends oder des Unglücks, die uns berechtigt, der Schönheit ihre Anmaßung nicht zu verzeihen.

*

17. Oktober – Wien

Der *Oberburgmeister* [*Oberbürgermeister*] betont, dass der Deutsche die französische Niederlage nicht als verdient, sondern als fatal empfunden habe; nicht als Niederlage, sondern als Tragödie.

Beunruhigender, sonderbarer, überlegener Vorstoß

dieses offiziellen Mannes: der Fanatiker, behauptet er, sei der Wahrheit viel näher als der gesunde Menschenverstand, vielleicht hat er gesagt, als der Vernünftige.

Nach dem Abendessen (Wien bleibt Wien) führt man uns in einen Nachtclub aus: Bei Marietta.

*

Marietta fordert uns auf, um uns gefällig zu sein, ihr das Programm vorzugeben (der Ausländer hat ein Recht auf gewisse Aufmerksamkeiten, vor allem, wenn er eingeladen ist), aber jemand, der vermutlich nicht über unseren Status informiert ist, lässt sie an die Bar rufen und zeigt ihr drohend seinen Ausweis: »In Deutschland singt man deutsch.« Ch., der das gehört hat, kommt aufgebracht zurück: »Jetzt habe ich verstanden, was das bedeutet ...«, sagt er zu uns, und kaum ist er auf dem Bürgersteig, schreit er: »Hoch mit diesem, nieder mit jenem!« Alle klatschen Beifall, vor allem aber die Deutschen.

*

Samstag, 18. – Wien

Spät aufgestanden, ein wenig unpässlich. Um elf Uhr Abfahrt nach Baden, warum? Barocke Monumente! Monument der Müdigkeit, monumentale Müdigkeit, doch es hält sich die kleine Flamme, die den Weg beleuchtet und vor einem Sturz bewahrt; ich weiß nicht, was es ist, das die Glut meines alten schlummernden Blutes wiedererweckt. Nein, nichts ist aufwühlender als diese Perspektiven des Gefühls, diese Perspektiven des Herzens, die sich am Rand der Landschaft eröffnen und nach und nach alle Ansichten und alle Formen der Dinge verändern; sind die einen ausgelöscht, werden andere entflammt, und allmählich wendet sich alles, und es gibt nichts, das nicht seinen Anteil von Licht empfinge.

Ach! würden wir alle jeweils unsere ganze Geschichte kennen, tröstete sie uns umso mehr, je seltener und schwerwiegender unser Unglück ist. Nur die Tatsache, kein Held zu sein, der zu Tränen rührt, würde uns traurig machen.

Wer hat heute Morgen gesagt: »Ich will nicht leiden. Ich will glücklich sein.« Verletzlich, aufbrausend, empfindsam, erlebe ich kaum eine Sekunde, ohne eine halbe Qual zu erfahren, die sich manchmal verschlimmert, niemals jedoch Glück oder sogar Freude ausschließt, und wenn du ein deutlicheres oder heftigeres Zeichen des Lebens bist und wenn du Bedingung oder Bestätigung meiner Würde bist, Schmerz, so werde ich dich gewiss nicht ablehnen. Ein wenig angespannt mag ich mich selbst sogar lieber.

*

Auf dem Gipfel des Kahlenbergs, vor den Schlachtfeldern von Ottokar, Sobieski und Napoleon, wo wir die Augen, soll ich sagen, erstaunt öffnen, durch die Weite der Landschaft vergrößert, spricht mich der Finne Kivimaa an, der mir als Einzelner, aufgrund seiner Ernsthaftigkeit? mehr

Respekt einflößt als alle unsere Gefährten zusammen, und sagt: – »Ein Herzschlag ist bisweilen wertvoller als die Bewegung der Welten. Manche Menschen sind so bewegt und so bewegend, dass sie nicht zulassen, dass man sich in ihrer Nähe zu sehr der Leichtigkeit hingibt. Sie werden hier dringend gebraucht, Herr J.«

Wie ein Schlag.

Ich erröte von Kopf bis Fuß, vor Scham, vor Verwirrung.

*

Wenn ich mich jedoch zu dieser Reise befrage, Eindruck einer Verfehlung meinerseits aufgrund meines überschießenden Innenlebens, zu vielen Beiseitesprechens, des Ausbrechens aus der umgebenden Stimmung, um mich eitlen Ausschweifungen der Vorstellungskraft hinzugeben, die ich vielleicht hätte auf später verschieben, zumindest mir hier nicht erlauben sollen. Wie viele Beobachtungen hätte ich machen können, die mir entgangen sind! Eine gewisse körperliche Mattheit war dafür wahrscheinlich der Grund und meine Absonderung, ohne die Möglichkeit, meine Eigenheiten auszuleben. So tat sich ein Riss auf, und ich war nicht mehr Herr über mein Wesen, das sich davonmachte und dabei ein eigentümliches Leuchten ausstrahlte, glücklicherweise rasch gedämpft, nach und nach gelöscht, damit niemand es zu sehr bemerkte. Natürlich im Galopp, und man scheint auf der Stelle zu treten.

dass eine gewisse feurige Reinheit uns in einen Stern verwandelt.

Es sind zwei Wesen in uns: das eine, das jeder sieht und das unseren Namen trägt, und ein anderes, verborgenes, mystisches, dessen Name geheim ist.

Die meisten Konflikte, die unsere Anwesenheit auslöst, gehen auf Zweideutigkeiten zurück, unweigerlich verursacht durch das Wechselspiel unserer beiden Erscheinungsformen, die ohne Vorwarnung aufeinander folgen und von denen die wirklichere nicht die offensichtlichere ist. Die eine verbirgt die andere, verdeckt sie mehr oder weniger, und diese Überschneidungen verwirren, verärgern, gefallen bisweilen, was eine gewisse innere Koketterie hervorruft, steigert oder aufrechterhält. Ein gewöhnlicher Umstand führt eine Verfinsterung herbei, nur Leidenschaft, Gefahr und vor allem das Nahen des Todes ermöglichen es dem Anderen, das wir sind, sich in all seinem Glanz zu zeigen.

*

Wir passieren Klosterneuburg.

– Der Escorial von Österreich!, sagt Vincento, der Spanier – der aussieht wie ein lebender Greco zu seinen besten Zeiten.

Dass die Worte, die man ausspricht, nie auf der Höhe dessen sind, was man sagen will, sobald man sich in bestimmten erhabenen Regionen aufhält.

Alles ist menschlich peinvoll, denn keine unserer Bewegungen wird unserem Antrieb gerecht. Nichts ist der Seele, wenn sie sich zeigt, der Leidenschaft angemessen, der Religion auch nicht. Immer wieder stellen wir fest, was uns fehlt, nämlich der Ausdruck, wie bei einem Götzenbild. Im Geheimen ist der höchste Anspruch möglich. Ganz allein mit ihm, und sei er noch so überwältigend, ist man dem Traum gewachsen, aber was für ein schreckliches, empörendes Missverhältnis zwischen dem Gott, der uns heimsucht, und der armen belebten Puppe, die ihn deutet und verrät.

*

H. B. und ich lieben uns zärtlich, wie zwei Stumme. Es ist nicht zu verstehen und ein wenig verkrampft. Wir spielen Freundschaft, wir fassen uns bei den Händen, wir sehen uns mit allzu lebhaften Blicken an und mit einer wechselseitigen Erregtheit, die offensichtlich an unseren Absichten vorbeigeht. Wer nicht weiß, worum es sich handelt: dass wir nicht die gleiche Sprache sprechen, fragt sich, was hier geschieht: Tragödie oder Komödie? und wundert oder empört sich. Womit könnte man sich sonst erreichen?

Es gibt Wesen um mich herum, die mich so sehr berühren, dass ich es vermeide, ihre Bekanntschaft zu machen; jedes Gespräch zwischen uns ist unmöglich, ich ahne es, ich weiß es, selbst wenn wir die gleiche Sprache sprechen. Ich wende mich ab.

*

Wahrscheinlich um mir zu zeigen, dass die Götter mit uns sind und dass die einzige Panne im Verlauf dieser Reise behoben wurde, überreicht mir ein Unbekannter beim Aperitif den Stift, den ich am Vortag auf dem Tisch eines Cafés liegen gelassen hatte: nichts geht verloren, weder in der Natur noch in Deutschland: Beweis.

*

Abends Diner im Kaiserpalast, wo uns Baldur von Schirach empfängt: ferne Kronleuchter, Wald von Porphyr, runde Tische, die tanzen, gekrönt mit Beeren, die man nicht essen kann, mit herbstlichen Blättern und mit roten Kerzen. Man lädt mich ein, dem *Reichsleiter* gegenüber zu sitzen, zwischen B. und X., meinen beiden Freunden: alle Ehre und alle Freude auf einmal! wie eine Art Huldigung, offiziell und intim.

*

Man kann lange von der Einzigartigkeit dieses Empfangs träumen, von der Jugend des »Fürsten«, der in diesem Haus der Habsburger regiert, wo er zu Hause ist, Fürst der deutschen Jugend, in der Tat, Hauptmann und Dichter unter den Dichtern. Er hat Schriftsteller aus sieben verschiedenen Nationen an seinen Tisch geladen, an die er der Reihe nach in natürlichstem Ton persönlich ein angemessenes Wort der Freundlichkeit richtet, ohne zu geruhen, zum Rest der Versammlung zu sprechen, oder sich zu bemühen, die Bekanntschaft dessen zu machen, was sie an Besserem bietet. Dreiunddreißig Jahre, kalte und strahlende Härte des dunkelblauen Blicks, Sanftheit der Umrisse des Gesichts, das eine als gebieterisch geltende Maske verbirgt: niemals sonst wie an diesem Abend der Eindruck, einem Führer zu begegnen; von der Silhouette näher bei Napoleon als bei Caesar.

Ich wurde in reinstem Französisch und ohne den geringsten Akzent gefragt, ob ich mit meiner Reise zufrieden sei, und dann sogleich nach meiner Antwort, indem man mich mit einer Art Sanftheit und mit Hochachtung ansah und mich bei meinem Namen nannte, ausgesprochen wie von einer Stimme aus der Heimat und von der eines Freundes: – »Herr J., es ist mir eine Freude, Ihnen zu sagen, dass Ihre Bücher bestens bekannt sind in Wien.«

*

Ich weiß nicht, ob es einen selteneren Augenblick gab als den jenes Konzerts mit geschlossenen Augen, der folgte, alle Leuchter gelöscht, im Schein der Kerzen. Da die Musiker hinter mir Platz genommen hatten, musste ich meinen Stuhl halb drehen, und diese Art von Ungleichgewicht, in dem ich schwankte, begünstigte sehr die Träumerei. Schubert, Mozart, ihre Magie mit der Meisterschaft von Chören verbindend, in denen Stimmen junger Krieger und junger Mädchen sich antworteten und sich vermischten; öffnete ich nur halb meine Lider, so geschah dies bloß, um Bilder oder Fetzen des Glanzes in meine Tiefen mitzunehmen. Die Grenzen meines Wesens für einen Moment unscharf, erfassten die Wellen der Musik in der spannungsvollen Stimmung dieses schmerzerfüllten Palastes hier und da die Embleme von Helden oder hieratischen Gesichtern und schlossen sie nach und nach ein in den unbeweglichen Ring eines glänzenden Medaillons, dessen Relief mich bezauberte.

Elegant, nicht wahr? die Beredsamkeit der Worte, die uns begrenzen und uns trennen, durch die einzige universelle Sprache ersetzt zu haben, die all diese Reisenden aus allen Teilen Europas ohne Weiteres verstanden!

*

Ich werde mich allmählich an die Schwere meines Herzens gewöhnen und sie am Ende mit Leichtigkeit tragen.

Ist es so unerklärlich, dass unser Gastgeber sofort nach dem Konzert ging, ohne eine Rede zu halten oder zu hören, sein Sekretär sogleich an seinen Platz gerückt? dass man sich so viele Fragen stellt zu einer Haltung, rechtfertigt diese in meinen Augen: »Das Geheimnis des Königs ist fürchterlich«, so steht es geschrieben. Als ob nicht diese Art, ungerührt die Gepflogenheit umzustoßen, das Vergnügen daran, durch Schweigen rätselhaft zu sein und die Rücksichtnahme in Grenzen zu halten, auch das Ansehen der Arbeit, das die Herren der Welt verpflichtet, nachts nicht bei Festen zu verweilen, zur Größe und zu den Mysterien dazugehörten, aus denen sich die Autorität bildet?

*

Montag. Wien [20. Oktober]

Aufgebrochen mit der Menge, verlasse ich sie auf dem Weg. Zweifellos hielt dieser Besuch in der Nationalbibliothek Überraschungen zur Geschichte bereit, Zeuge ist der Brief von der Hand Napoleons III. an Franz Joseph am Tag der Kriegserklärung von 1870, den ich mit F. und Ch. zu lesen die Zeit hatte, aber ich ziehe es vor, alles außer Acht zu lassen, was jedermann wissen kann, und mich nur für das zu interessieren, was allein mich berührt: die Menschen, die Kirchen und die Gräber. Wie viele Juden in der Umgebung des Stephansdoms, alle gekennzeichnet! sogar die buckligen Hexen tragen auf ihrem Buckel den gelben Stern.

Bei den Kapuzinern geht eine einzelne Frau, in Schleier gehüllt, zwischen den Sarkophagen umher. Warum ihr nicht folgen? Ich spreche sie an, sie antwortet mir mit russischem Akzent auf Französisch: »Ich bin Österreicherin nur durch meine Heirat, aber ich bin es auch von Herzen, und auch wenn ich nur einen Tag in Wien verbringe, so wollte ich doch Franz und Elisabeth grüßen, und ich finde sie nicht mehr. Sie waren gut zu den Meinen. Helfen Sie mir, sie zu suchen.« Sie fährt fort: – »Offen gesagt, ich habe ihnen alles gegeben, aber ich kann mich nicht damit abfinden: Mein Mann ist für Franz gestorben, mein ältester Sohn ist für Karl gestorben, und meine beiden letzten Kinder werden für Adolf Hitler sterben, indem sie gegen

Russland kämpfen, wo ich geboren wurde, wo ich in meiner Jugend glücklich war.« Eben noch ganz ruhig, hebt sie plötzlich die Hände zum Kopf und schlägt sich an die Schläfen: »Aber ich werde verrückt werden«, schreit sie, »und ich werde alles vergessen. Mein Gott, wie wird das alles enden? Du, Franz, weißt es.« Gerade hatte ich den Namen des Kaisers gelesen und die Hände meiner Weinenden ergriffen, die ich mit ihren Schutzpatronen allein ließ, jedoch nicht ohne dass auch sie mich bedauert hätte: »Sie sind noch zu jung, mein Herr, um Männer gekannt zu haben. Heute gibt es nur noch Wölfe.«

*

Ich glaube, das größte Glück wäre, dass uns ein Engel bei der Hand nähme und uns auf den geheimnisvollen Pfaden der Zeit, die nur sie gehen, in das Haus unserer Kindheit zurückführte; dass alles wieder an derselben Stelle wäre und wir die Illusion hätten, in unserem eigenen Leben noch einmal dort zu sein. Mit welch frommer Ehrfurcht würde man seinem Vater und seiner Mutter begegnen, sie wiedererkennen! Nun, das ist mehr oder weniger das, was mir jede Nacht im Traum widerfährt.

*

Um meinen steifen Hals zu lindern, den ich mir zugezogen hatte, als ich während des Konzerts meinen Stuhl drehte, habe ich heute etwas mehr getrunken als vernünftig, und es war zum Sterben, aber den Kopf wende ich ohne Schwierigkeiten nach rechts und nach links.

Nach dem Hochgefühl des Vorabends hatte ich wohl das Bedürfnis, erniedrigt zu werden. Das ist geschehen. Oh, diese Abreise aus Wien, die Füße voraus! All diese Leute, die ich sah, wie in einem Wirbel aus Feuer und Finsternis, über mich gebeugt, die sich vor mir aufbauten, sich für einen Moment davonmachten, so dass ich mich verlassen glaubte. Nein, alle wachten. Alle waren sie tadellos, besonders Ch. und X.

Ch. schaukelte die ganze Nacht über meinem Bett in seiner Hängematte, eine Art Sokrates in seiner Wolke, nachdem er mich ausgezogen und hingelegt hatte.

Gott, war ich krank! und jetzt bringt uns der Teufel von Wien nach Berlin!

*

Gespräch mit C. R.: »Die Soldaten des Reiches«, sagt er mir, »wurden durch die Ereignisse mit unterschiedlichen Zivilisationen zusammengebracht. Die deutsch-französische Annäherung, der Wunsch, den wir hier nach ihr haben, beruht auf einer Wahl des Geistes, auf einer Wahl des Herzens: es ist eine Bewegung der Wertschätzung und der Zuneigung, die uns dazu veranlasst, heute besonders die Freundschaft von Frankreich zu suchen.«

*

Professor Teske, der 1918 fünfzehn Jahre alt gewesen sein muss, erzählt mir von der Abneigung, die er sein ganzes Leben lang gegen die Franzosen gehegt hatte, bis zu dem Tag, an dem der Krieg ihm erlaubte, eines unserer Dörfer zu besetzen. Dort verstand er, was wir sind, und sein Herz entwaffnete sich.

*

G. B. hat Recht: In den Demokratien ist die Freiheit zur Schau gestellt und die Knechtschaft allzu oft, leider! im Inneren. Keine Möglichkeit der Berichtigung, etwa unserer Vorurteile über uns selbst oder unserer Vorkehrungen gegen die Anderen. Beim Deutschen scheinbare Knechtschaft, die Seelen bleiben frei.

Mit welcher Sturheit sie sich selbst kritisieren und mit welchem Scharfblick sie ihre Fehler entdecken, mit welcher Offenheit sie sie anerkennen, zugeben, sich in Frage stellen. Nichts ist ihnen, wie es scheint, wichtiger, als loszuwerden, was sie schmälert, und von sich selbst Vollkommenheit zu verlangen: – »Haben Sie nicht bemerkt«, sagt dazu Professor Teske zu mir, »wie die Priester über die Religion freier sprechen als die Gläubigen? Weil der Nationalsozialismus zu uns gehört, wie die Religion zum Priester gehört, können wir uns mit ihm alle Freiheiten nehmen. Wir nehmen sie uns nur aus Liebe zu unserem Land, um es davor zu bewahren, sich zu verleugnen, sich zu verirren, oder um immer wieder neue Perspektiven für seine Größe und seine moralische Erhebung zu eröffnen.«

*

Ein Deutscher zu J. Ch.: – »Aber Sie wissen nicht, mein Herr, wie sehr es uns an Kultur mangelt!«

Wir haben gerade die Reichskanzlei besichtigt, ein seltenes Privileg. Ein Deutscher: – »Warum dieser stolze Palast, dessen Schönheit nur durch den Reichtum des Materials und die Größe der Dimensionen gegeben ist? Die Kunst hat darin keinen Platz, und wozu dieser Vorsatz, ihn so schnell errichtet und nichts Ausländisches dabei zugelassen zu haben?« Ich entgegne: »Nein, es ist nicht umsonst, dass man diese Strenge der Linie wollte und in die Opulenz des wertvollsten Marmors und der kostbarsten Hölzer eingeprägt hat.«

*

Im Grunde glaube ich, dass dies das Drama ist, das wir erleben (und der Nationalsozialismus steht dabei nicht in Frage; es geht um seine Ausrichtung, seine Zukunft): die rein militärische Periode soll abgeschlossen, abgelaufen sein. Sobald der Krieg beendet ist, und auch jetzt schon (und selbst unsere Reise würde zu diesem Vorzeichen passen) bereitet man eine Epoche vor, in der »das Geistige« triumphieren wird. Dahin geht alle Sorge der Männer, die wir getroffen haben: Auf den Niedergang der Kultur soll eine Erneuerung folgen, eine Auferstehung des *Esprit*, des »*Geistes*«: eine zweite Renaissance, und man zählt zweifellos sehr auf Frankreich, das dabei nützlich sein soll, man betrachtet es sogar als notwendig, unerlässlich für die Bereicherung der »deutschen«? europäischen Seele.

*

Als man zum Beispiel in Heidelberg meinen kleinen Aufsatz las, rief man: – »Wie klar das ist! – Die Klarheit! was nicht klar ist, ist nicht französisch, ist das nicht Rivarol?« und Rivarol hört mich, der nicht weit von hier in Berlin ruht, wo ihn die Hände des großen Friedrich gekrönt hatten und wohin ihn unsere unselige Revolution zum Sterben schickte. – »Ach! wir. Ach! ihr. Und wie prägnant das ist! Viele Worte würden wir brauchen, um nicht so viel zu sagen wie Sie, und auf diesen zwei Seiten bieten Sie uns eine Apologie unserer selbst, von der wir nicht zu träumen gewagt hätten?« Kompliment, Höflichkeit vielleicht, aber darin scheint eine aufrichtige Bewunderung (die nicht mich betrifft) für Fähigkeiten durch, die man vermisst, als wäre ihr Gebrauch verloren, verirrt, für einen Moment. Kurzum, bei allen unseren deutschen Kameraden die Überzeugung, dass alles Militärische und Politische unabwendbaren Notwendigkeiten entspricht, dass auf diese bereits veralteten und überholten Notmaßnahmen jedoch eine umso leidenschaftlichere Vorliebe für das »Schöne« und eine einzigartige Hochachtung für das »Heilige«, für das »Menschliche« und das »Göttliche« folgen wird.

Baldur von Schirach soll gerade einen Artikel veröffentlicht haben, in dem er der jungen deutschen Malerei vorwirft, die Grenzen der Photographie nicht hinter sich zu lassen.

*

Die Deutschen denken in allen Dingen so frei, dass man für einen Moment sogar versucht sein könnte, sich näher als sie an der nationalsozialistischen Strenge zu wähnen und sie näher als uns an der demokratischen Gutmütigkeit. Was diese Verwirrung, um nicht zu sagen, dieses Missverständnis, hervorruft, ist, dass unsere Gastgeber gerade eine Erfahrung hinter sich haben, die sie zum Sieg geführt hat, eine Erfahrung, die das genaue Gegenteil von unserer ist, die uns zur Niederlage geführt hat. Wenn sie also sehen, wie wir den Zug nehmen, aus dem sie aussteigen, gesättigt mit dem, wonach wir hungrig sind, welche Ironie in ihrer Art, mit der sie uns eine gute Reise wünschen, aber fürchten wir selbst lieber, dass ihr neuerwachter Liberalismus sie dazu verleiten könnte, ihre Türen zu früh wieder für die Juden und den Bolschewismus zu öffnen.

Dann würde Deutschland seinerseits zu dem werden, was Frankreich nicht mehr sein will, und Europa würde in der Unordnung ohne Rückgrat zusammenbrechen, wenn die strengste Ordnung vorzuziehen wäre.

*

Ch. sagt zu mir vor allen anderen:

– Ich bin neugierig auf dieses *Tagebuch*, aber was zum Teufel können Sie nur die ganze Zeit schreiben?

Man denkt, ich hätte kein Privatleben, alles in mir würde sich auf unsere gewöhnlichsten Sorgen beziehen.

Und wenn ich behaupte, all dieses Schreiben sei nicht für die Öffentlichkeit bestimmt, wettet man, dass ich gar nicht so »obszön« sei, wie ich sage.

*

N., der in seinem Land ein verwöhntes Kind und ein wahrer Dichter ist, sagt man, traf Freunde in Berlin wieder, die ihn vor unseren Gastgebern warnten. Vor allem ein Journalist soll ihm gesagt haben:

– Sie haben Glück, Herr N., dass wir über Ihre Reise nicht in der Presse berichtet haben, wo Sie eines Tages sehr, sehr teuer dafür bezahlen würden.

So wendet N. sich an Ch. und raunt ihm ins Ohr:

– Ich habe jetzt genug von dieser Vergnügungsreise. Morgen steige ich ins Flugzeug, wenn es keinen anderen Weg als die Luft gibt, und ich kehre nach Hause zurück.

Ohne wirklich zu wissen, was er tut, spricht er mich danach an und nennt mir seine wahren Gründe: eine plötzliche Panik.

*

Ich habe den Eindruck, dass die Berliner uns nicht schätzen, und das ist neu. In der Empfangshalle des Hotels zum Beispiel verlangte jemand, einen Herrn (sagen wir) Anodon zu sprechen. Ein Angestellter der Geschäftsführung geht zwischen den besetzten Sesseln umher, ruft mit dröhnender Stimme wiederholt:

– Herr »Anodon«! ... und murmelt auf Französisch vor sich hin:

– Wie kann es sein, dass niemand auf einen in der europäischen Literatur so berühmten Namen reagiert?

Bemerkenswert auch die symptomatische Ironie des alten Portiers, den Ch., offenbar immer noch naiv, fragt, wo er seinen Hut, seinen Überzieher und seinen Regenschirm ablegen könne:

– Wie überall, gnädiger Herr, gibt es auch hier einen Ort, um sich dieser Gegenstände zu entledigen; man sieht sogar von hier aus die leuchtende Anzeige, die darauf hinweist, aber wir verstehen sehr gut, wir Deutschen, dass ein Franzose nicht mehr weiß, was in Berlin das Wort »Garderobe« bedeutet. Die Anzeige ist zur Rechten. Ch., immer noch verwirrt, geht nach links. Da schimpft der Portier und kommt aus seiner Loge, fasst unseren großen Mann verärgert am Arm wie ein Baby und geleitet ihn, indem er frech die Achseln zuckt, an sein Ziel. Auch von den Kellnern, die uns angeblich bedienen, keinerlei Freundlichkeit oder Zuvorkommenheit.

*

Mittwoch – Berlin [22. Oktober]

Ziemlich ausgefüllter Tag. Besuch bei Doktor Goebbels. Von kleiner Statur, er hinkt, aber der Kopf führt den Körper, reißt ihn mit. Keine Selbstherrlichkeit. Den Ehrgeizigen spürt man keinen Augenblick. Kaum den Mystiker, aber präsent und eng verbunden eins mit dem anderen, als wären sie eine Einheit; eine Intelligenz und ein Wille, wie sie selten sind, ein Scharfsinn und eine Beharrlichkeit, die keinen Schatten kennen, den sie nicht durchdringen, kein Hindernis, das sie nicht durchbrechen; eine Art aktive Eingebung ohne jeglichen Anschein von Magie oder von Schauspielerei, mit den einfachsten, den menschlichsten Formen geht jemand an Ihnen vorbei und schaut Ihnen in die Augen, womöglich ohne Sie zu sehen, weil er durch Sie hindurch nur in die Zukunft blickt, die seine Hände kraftvoll gestalten; zweifellos aber hat er im Vorbeigehen Ihre Energie gemessen: sein Blick hat sich so stark auf den Ihren gerichtet, dass Ihrer vielleicht ausgewichen oder erloschen ist; hat er, Kraft gegen Kraft, standgehalten, ist das diesem Menschenlenker nicht entgangen.

In seiner Ansprache sagte er ungefähr, dass für alle Nationen Europas nur mehr eines zähle; nämlich der Konflikt zwischen Deutschland und Russland: es stehe außer Frage, dass man sich entscheiden müsse zwischen dem Bolschewismus und dem deutschen Bollwerk; wenn der Sieg jedoch erlangt sei, werde jedes Volk seine Physiognomie, seine Persönlichkeit in der europäischen Gemeinschaft unangetastet bewahren:

– Wie wird das geschehen? fügte er hinzu, ein Mysterium, aber so wird es sein.

Dann erklärt Dr. Goebbels, dass er nicht das Ende des Britischen Empire wünscht: »Deutschland hat nichts oder nur wenig von seiner Erbmasse zu erwarten.«

Schließlich räumt er ein, dass Deutschland besiegt werden könne, das Unmögliche:

Seine Dynamik, so schloss er, sei so stark, dass es seine Macht einmal mehr wiedererlangen würde, und zwar eher früher als später und stärker als jemals zuvor.

*

Donnerstag. Abreise nach Weimar [23. Oktober]

– Kiefern- und Birkenwälder. Hier und da die Feldmütze eines französischen Gefangenen, und meine Augen verschleiern sich, um sie nicht zu sehen, mit Tränen.

– Gerade so wie in meinem Haus bin ich auch in diesem Wagen allein, aus dem alle ausgestiegen sind (ein Reifen ist geplatzt). Ich versuche lediglich, mit meinen Unzulänglichkeiten und meinem Übergepäck angenommen zu werden, wer von sich selbst fast nichts nicht weiß, weiß, was es für die anderen bedeutet, ihn zu ertragen, und für ihn selbst, sich aufrecht zu halten.

*

Freitag – Weimar [24. Oktober]

Am Vormittag etwas Müdigkeit während der Reden, aber die hervorragende Musik gibt mir meine ganze Energie zurück: vor allem die unerbittlichen Fortes in einem Prélude von Liszt.

Um drei Uhr nachmittags taucht Herr von Münchhausen auf, den die Vorsehung bei der Suche nach mir auf meinen Weg schickt. Ich erinnere ihn an den Besuch, den er mir 1926 am Boulevard de Grenelle abstattete, an unsere Treffen bei Marie Laurencin und daran, dass ich ein Porträt von ihm als jungem Mann besitze.

Besuch in Tiefurt. Große Melancholie in diesem Landhaus, in dem ich mich etwas einsamer und verlorener fühle als in den Städten: Natur, mein Spiegel, beinahe die andere Welt, in der ich meine Mutter wiederfinde, sofort, als Erste, unter den Bäumen, die überall für mich immer unsere Bäume von Guéret sind.

*

Zurück in Weimar, ich irre allein dort umher. Es hagelt. Eine Dame, die ich nach dem Weg frage, bietet mir an, mich zu geleiten und mir unter ihrem Schirm Schutz zu gewähren.

Sie sagt zu mir:

– Sind Sie Franzose? Warum dieser Krieg zwischen uns?

Und dann:

– Welche Ehre für meinen Regenschirm, einem Dichter Schutz zu gewähren. Darf ich seinen Namen wissen?

Bald schließe ich mich in meinem Zimmer ein, das jenes von J. S. Bach ist: »Aber wie soll ich ihren Forderungen nachkommen? Denen meiner Frau. Gerade habe ich einen Brief von ihr erhalten, nach drei Wochen Abwesenheit. Ihre Stimme ist in meiner Erinnerung schon so anders als die, die ich höre, wenn sie in meiner Nähe spricht; ihr brieflicher Stil so gehoben, so viel höher als unsere täglichen Wortwechsel. Plötzlich liefert sie Ihnen, die Sie nicht mehr da sind, um ihr sogleich zu antworten, eine Poesie, die nur ihr gehört, die nur sie in sich trägt, und es scheint, als würde sie sich bemühen, sie vor Ihnen zu verbergen, solange Sie nicht weit weg sind. Was für eine einzigartige Entschlossenheit! Welche Diskretion, sich nur an den beiden äußersten Enden der Welt so gut zu verstehen? Liebt sie Sie nur allein, ohne Sie? Erhaben ist sie stets, jeden Tag, zu nah, als dass man es sehen könnte. Niemals werde ich sie so sehen, wie sie ist, besser als an diesem Abend in Weimar, niemals werde ich mehr zurückgekehrt und ihr nahe sein als an diesem Abend.«

*

Samstag – Weimar [25. Oktober]

Herr von Münchhausen und ich spazieren lange ohne Zeugen durch Goethes Haus: Hier schaut Faust auf den Garten und der Geheime Rat auf die Straße.

*

Sonntag – Weimar [26. Oktober]

Trauriger und regnerischer Morgen. Ich frühstücke allein. Aufbruch zur Pilgerfahrt, zum Trauerzug? Nein. Der

Friedhof ist wie ein Park, in dem sich die Toten wohlfühlen, verteilt in schöner Unordnung. Goethe thront dort oben an einem etwas untergeordneten Platz, könnte man meinen, unterhalb der Großherzöge, Schiller in seiner Nähe, aber es gibt nur ihn, und der Klang seines Ruhms allein erreicht die Särge der Anderen, denen er nicht gilt.

Schönheit der gedrängten Kohorte, die wie ein einziges Wesen voranschreitet, Träger einer einzigen Krone, durch den heiligen Wald, von goldener Farbe.

Von einem alten Strauß abgefallen, lag ein einzelnes Blatt tot auf dem Sarg des Dichters. F. sagt zu mir:

– Ich habe gesehen, wie Sie mit Adlergeste die Hand ausstreckten und es ergriffen.

*

Die Soldaten, die Wache hielten, schien meine Kühnheit zu rühren, aber nicht ein Standbild wagte es, sich zu bewegen oder zu sprechen.

*

Großartiges Mittagessen im »Elephant«.

Tee im Schloss, wo der Bürgermeister ganz laut sagt, wie glücklich er sei, französische Dichter in der Stadt Goethes begrüßen zu dürfen, und wir hören nach Schubert und Verdi Bizet, Nietzsche applaudiert.

Am Abend im Theater: *Iphigenie auf Tauris* verleiht unserer Reise vollends ihren Sinn.

Nach der Vorstellung Gespräch mit dem alten Italiener Farinelli, der mir schluchzend zuruft:

– Ach! Mein Herr, wissen Sie, dass Sie einen Mann vor sich haben, der tief herabstürzte von seiner Höhe, als Italien Frankreich den Krieg erklärte? Sie hätten das Recht, uns zu hassen.

Ich zögere, ihm zu sagen, dass seine Landsleute tatsächlich ohne jeden Grund am 19. Juni 1941 meine harmlose kleine Heimatstadt bombardiert haben und dass sie dort einfach 150 Menschen, glaube ich, getötet haben, darunter ein junges Mädchen, eine Freundin, die das Verbrechen beging, eine Hacke in der Hand zu haben und im Garten zu arbeiten, und dass sie das arme Dorf Chénérailles, in dem mein Vater geboren wurde, zerstörten, nicht einen Stein auf dem anderen ließen.

Aber ich hielt es für vornehmer, stumm zu bleiben.

Für eine edle Geste anderthalb edle Gesten.

*

Am Abend im Hotel »Elephant« spricht die Stimme von Ch. wie eine große Orgel über den langen deutsch-französischen Streit, der nun beendet ist und einem freundschaftlichen Dialog weichen wird. Kaum ist er verstummt, spricht John Knittel zwischen zwei stillen Momenten stehend ein einziges Wort: den Namen unseres Vaterlandes, und etwas klirrte in der Luft wie ein Schild aus Kristall. Herr Haegert erhebt sich; der ehrwürdige Farinelli umarmt Ch. Frankreich wird sehr geliebt, und, das muss ich zugeben, etwas mehr von seinen Feinden von gestern als von den anderen, die seine Freunde waren und bei denen man sogar, wie mir Dr. Ruoff anvertraut, einen Schimmer, einen Hauch von Eifersucht heraufziehen spürt.

Schlussfolgerung: Ich glaube, ich musste nach Deutschland kommen, um zu erfahren, wie lebendig und ungebrochen Frankreichs Ansehen noch ist.

*

Auf diese Nacht der Emotionen folgen Stunden ohne Schlaf.

Früh aufgestanden, treffe ich Drieu in der Halle und Herrn von der Goltz.

Die ersten Abreisenden haben Weimar im Morgengrauen verlassen; die zweite Gruppe wird nach Berlin zurückkehren.

Einige Worte vor dem Autobus gewechselt, der sie abholt, und Ch. und ich suchen in der großen Halle des Hotels Elephant, die am Vortag noch voll war und wo wir nun allein sind, vergeblich nach einer bekannten Silhouette. Nicht einmal ein Schatten.

Die sympathischen Plejaden, die uns drei Wochen lang begleitet hatten, haben sich auf einen Schlag in alle vier Richtungen Europas zerstreut und nehmen unsere Zeichen mit.

*

Noch einmal, ein letztes Mal, versuchen einige Gesichter, die vertraut geworden sind, wieder Gestalt anzunehmen. Die geringste Linie, die zu passen scheint, bildet sogleich ihre Silhouette, veranlasst mich, sie heraufzubeschwören. Ich glaube, sie im ersten Passanten, der kommt, zu erkennen. Mein Auge führt ihre Zeichnung bei der geringsten Andeutung fort, vollendet sie und glaubt, sie noch fassen zu können; aber nein; ein Augenblick des Nachdenkens macht sie zunichte.

Es bleibt nur die Erinnerung.

*

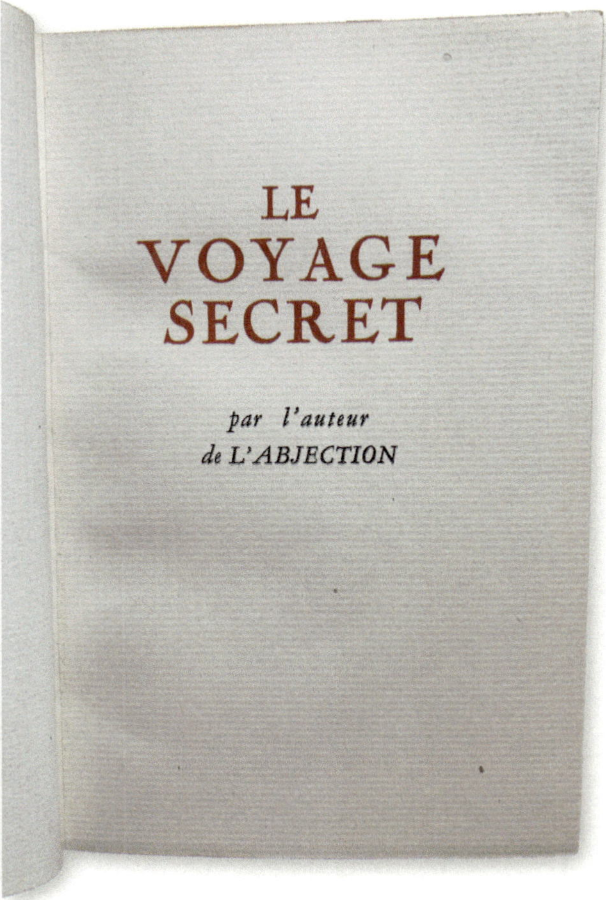

»Le Voyage secret«: Die Erstausgabe von 1949 erschien in Paris im Selbstverlag.

LE VOYAGE SECRET

Par l'auteur
de
L'ABJECTION

PARIS
ÉDITION CONFIDENTIELLE

Doppeltes Geheimnis: Die »Vertrauliche Ausgabe« einer »Geheimen Reise«.

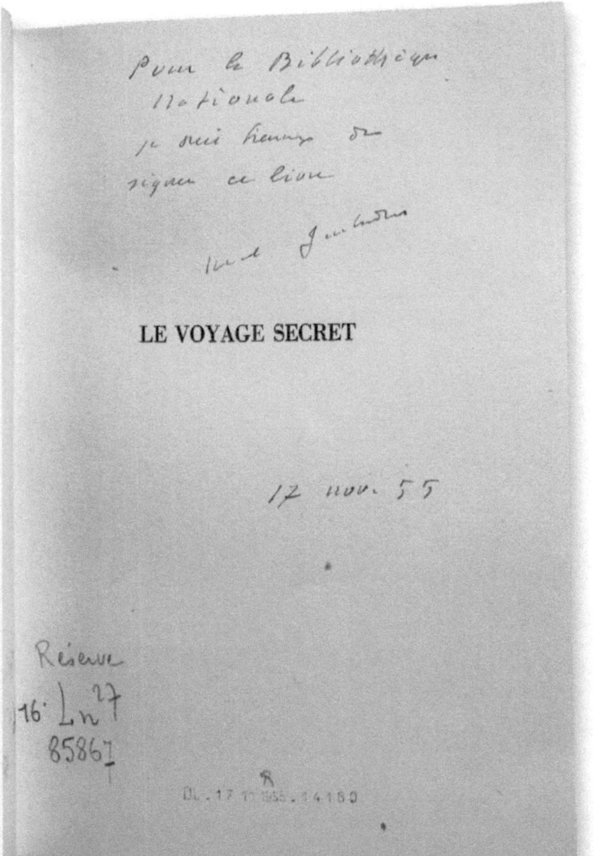

Aufhebung der Anonymität: Marcel Jouhandeaus Widmung für die Bibliothèque nationale de France von 1955.

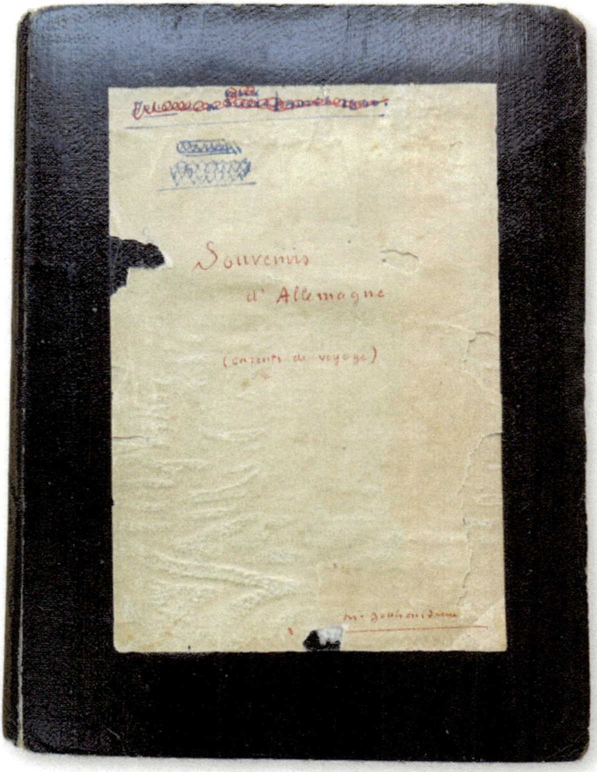

Das handschriftliche Tagebuch von 1941: »Souvenirs d'Allemagne«.

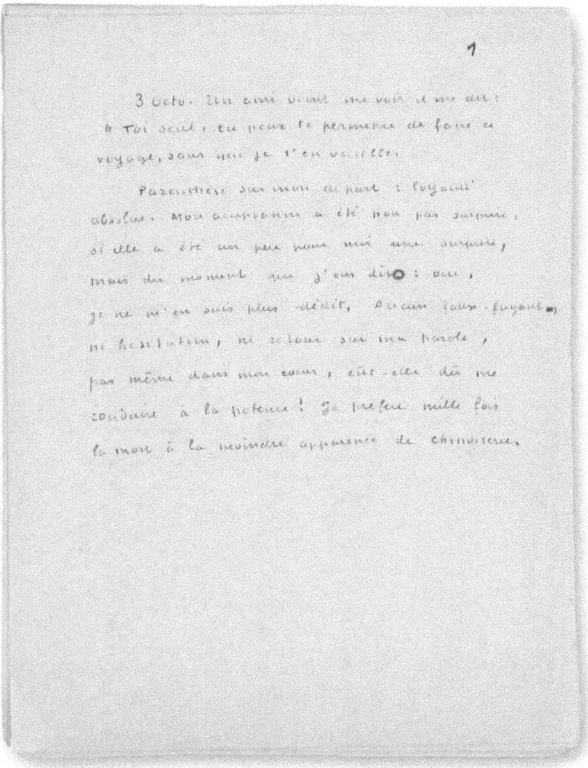

1

3 Octo. Un ami vient me voir et me dit :
« Toi seul, tu peux te permettre de faire ce
voyage, sans que je t'en veuille.

Parenthèse sur mon départ : loyauté
absolue. Mon acceptation a été non pas surprise,
si elle a été un peu pour moi une surprise,
mais du moment que j'eus dit : oui,
je ne m'en suis plus dédit. Aucun faux-fuyant,
ni hésitation, ni retour sur ma parole,
pas même dans mon cœur, eût-elle dû me
conduire à la potence ? Je préfère mille fois
la mort à la moindre apparence de chinoiserie.

Die erste Seite des Manuskripts: 3. Oktober 1941 – Der Text beginnt mit einem Freispruch: »Un ami vient me voir et me dit: ›Toi seul, tu peux te permettre de faire ce voyage, sans que je t'en veuille.‹« (»Ein Freund besucht mich und sagt: ›Nur du kannst es dir leisten, diese Reise zu machen, ohne dass ich es dir übel nehme.‹«)

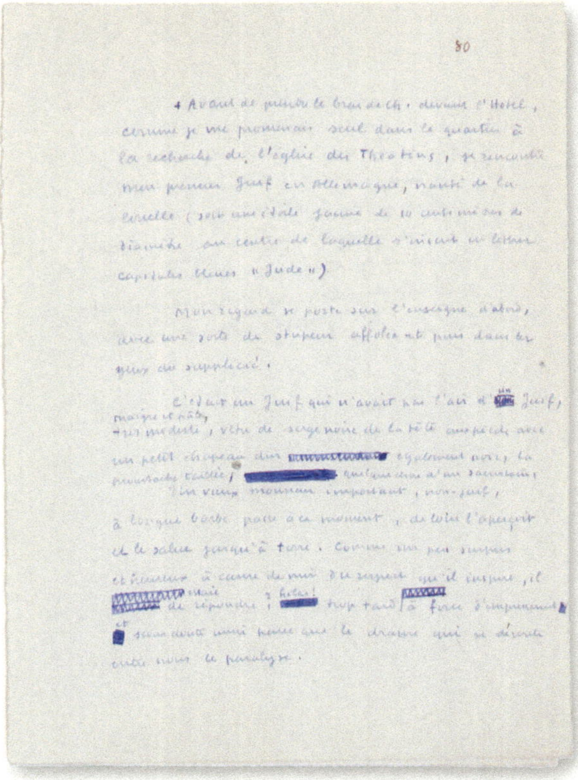

Streichungen und Korrekturen als Zeichen der Verstörung? Die Begegnung mit einem Juden in München (S. 80–81).

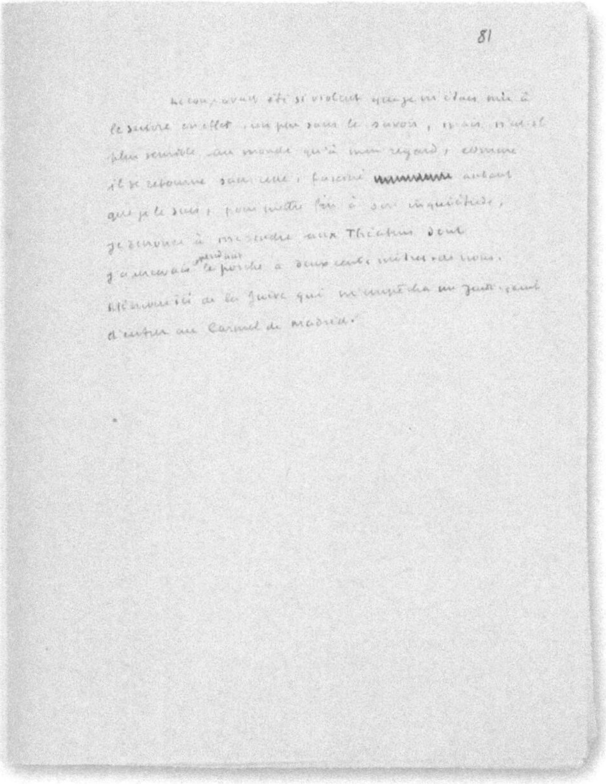

»Le coup avait été si violent …«

(»Der Schock war so heftig gewesen …«)

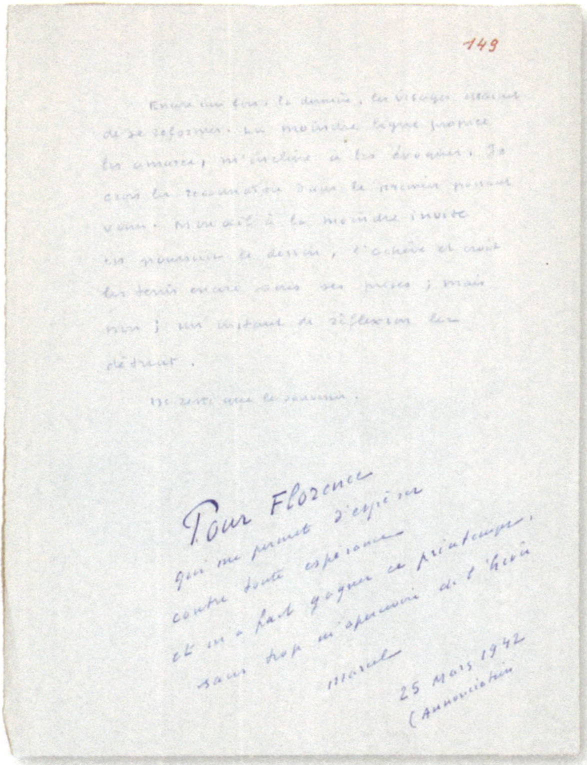

Widmung für Florence Gould – in deren Salon sich während der Besatzung französische Intellektuelle und deutsche Offiziere trafen (S. 149).

Das »Carnet« von 1941 – Die Fassung für Gerhard Heller alias »X.«.

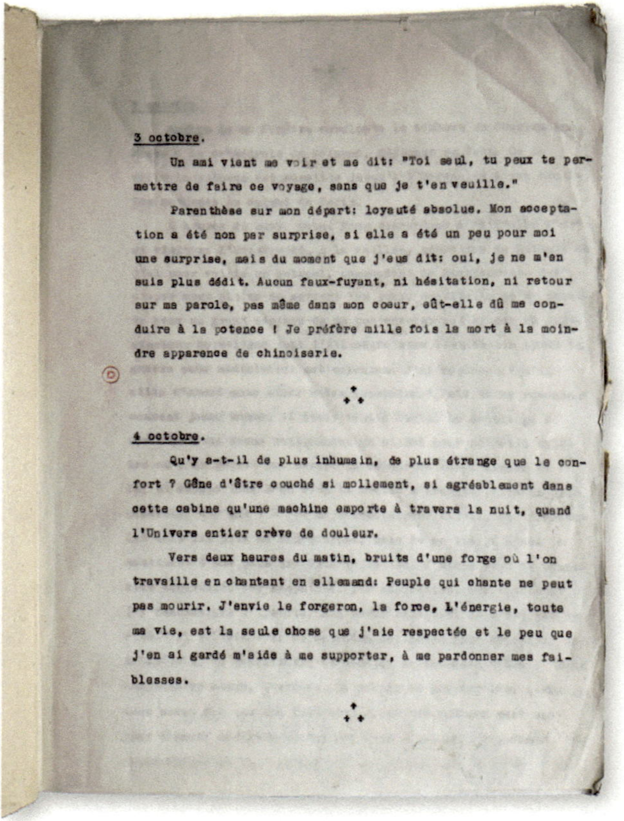

3 octobre.

Un ami vient me voir et me dit: "Toi seul, tu peux te permettre de faire ce voyage, sans que je t'en veuille."

Parenthèse sur mon départ: loyauté absolue. Mon acceptation a été non par surprise, si elle a été un peu pour moi une surprise, mais du moment que j'eus dit: oui, je ne m'en suis plus dédit. Aucun faux-fuyant, ni hésitation, ni retour sur ma parole, pas même dans mon coeur, eût-elle dû me conduire à la potence ! Je préfère mille fois la mort à la moindre apparence de chinoiserie.

∴

4 octobre.

Qu'y a-t-il de plus inhumain, de plus étrange que le confort ? Gêne d'être couché si mollement, si agréablement dans cette cabine qu'une machine emporte à travers la nuit, quand l'Univers entier crève de douleur.

Vers deux heures du matin, bruits d'une forge où l'on travaille en chantant en allemand: Peuple qui chante ne peut pas mourir. J'envie le forgeron, la force, L'énergie, toute ma vie, est la seule chose que j'aie respectée et le peu que j'en ai gardé m'aide à me supporter, à me pardonner mes faiblesses.

∴

Die erste Seite des Typoskripts – Die publikationsfertige Abschrift wurde nie publiziert.

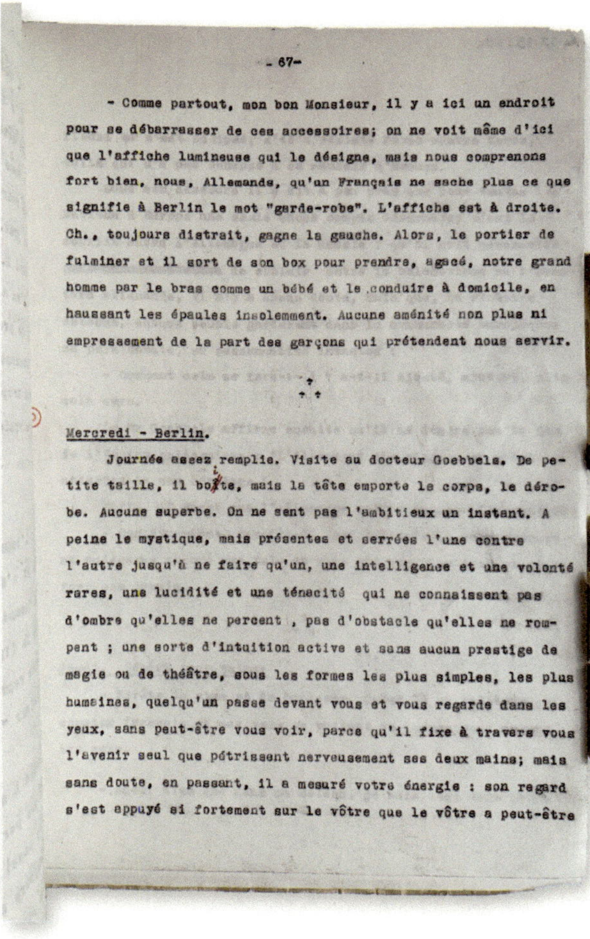

- 67-

- Comme partout, mon bon Monsieur, il y a ici un endroit pour se débarrasser de ces accessoires; on ne voit même d'ici que l'affiche lumineuse qui le désigne, mais nous comprenons fort bien, nous, Allemands, qu'un Français ne sache plus ce que signifie à Berlin le mot "garde-robe". L'affiche est à droite. Ch., toujours distrait, gagne la gauche. Alors, le portier de fulminer et il sort de son box pour prendre, agacé, notre grand homme par le bras comme un bébé et le conduire à domicile, en haussant les épaules insolemment. Aucune aménité non plus ni empressement de la part des garçons qui prétendent nous servir.

*
* *

Mercredi - Berlin.

Journée assez remplie. Visite au docteur Goebbels. De petite taille, il boite, mais la tête emporte le corps, le dérobe. Aucune superbe. On ne sent pas l'ambitieux un instant. A peine le mystique, mais présentes et serrées l'une contre l'autre jusqu'à ne faire qu'un, une intelligence et une volonté rares, une lucidité et une ténacité qui ne connaissent pas d'ombre qu'elles ne percent , pas d'obstacle qu'elles ne rompent ; une sorte d'intuition active et sans aucun prestige de magie ou de théâtre, sous les formes les plus simples, les plus humaines, quelqu'un passe devant vous et vous regarde dans les yeux, sans peut-être vous voir, parce qu'il fixe à travers vous l'avenir seul que pétrissent nerveusement ses deux mains; mais sans doute, en passant, il a mesuré votre énergie : son regard s'est appuyé si fortement sur le vôtre que le vôtre a peut-être

Der Eintrag zum Besuch bei Joseph Goebbels in Berlin (S. 67–68): »il fixe à travers vous l'avenir.« (»er blickt durch Sie hindurch in die Zukunft.«)

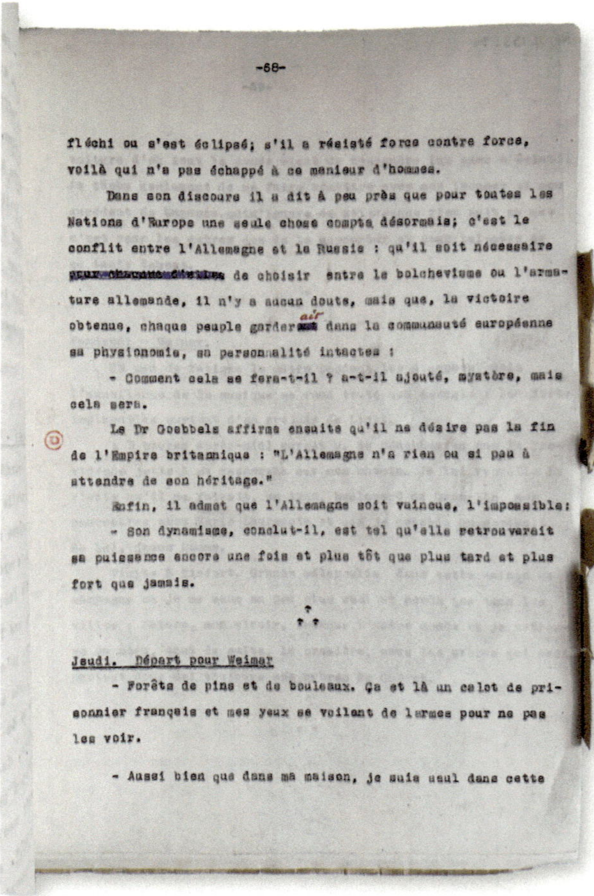

-68-

fléchi ou s'est éclipsé; s'il a résisté force contre force, voilà qui n'a pas échappé à ce manieur d'hommes.

Dans son discours il a dit à peu près que pour toutes les Nations d'Europe une seule chose compte désormais; c'est le conflit entre l'Allemagne et la Russie : qu'il soit nécessaire de choisir entre le bolchevisme ou l'armature allemande, il n'y a aucun doute, mais que, la victoire obtenue, chaque peuple garderait dans la communauté européenne sa physionomie, sa personnalité intactes :

- Comment cela se fera-t-il ? a-t-il ajouté, mystère, mais cela sera.

Le Dr Goebbels affirme ensuite qu'il ne désire pas la fin de l'Empire britannique : "L'Allemagne n'a rien ou si peu à attendre de son héritage."

Enfin, il admet que l'Allemagne soit vaincue, l'impossible:

- Son dynamisme, conclut-il, est tel qu'elle retrouverait sa puissance encore une fois et plus tôt que plus tard et plus fort que jamais.

*

* *

Jeudi. Départ pour Weimar

- Forêts de pins et de bouleaux. Ça et là un calot de prisonnier français et mes yeux se voilent de larmes pour ne pas les voir.

- Aussi bien que dans ma maison, je suis seul dans cette

»Enfin, il admet que l'Allemagne soit vaincue, l'impossible«. (»Schließlich räumt er ein, dass Deutschland besiegt werden könne, das Unmögliche«.)

Mit X. auf dem Weg nach B.

Das geheime Geständnis des Marcel Jouhandeau

OLIVER LUBRICH

> »Man kann dieses sehr schöne Buch lesen, ohne zu wissen, um welche Reise es geht.«
>
> Didier Eribon

Dass es sich bei *Le Voyage secret* (1949) um die Schilderung einer Reise durch Deutschland im Herbst 1941 handelt, ist alles andere als offensichtlich. Die 150 Abschnitte des Textes sind undatiert, aber chronologisch angeordnet. Sie fügen sich zu einer fortgesetzten Handlung. Marcel Jouhandeau (1888–1979) erzählt, wie es scheint, eine Liebesgeschichte. Ihren äußeren Rahmen bildet der Bericht einer Rundfahrt, deren Verlauf weder räumlich noch zeitlich genauer beschrieben wird. Wir erfahren weder, wann, noch wo, noch mit wem sie stattfindet: *Die geheime Reise*.

Die Form des Textes ist nicht leicht zu bestimmen. Es fehlt eine Gattungsangabe. Ist *Le Voyage secret* ein Roman oder ein Gedicht? Ein *roman poétique* oder ein *poème en prose*? Lesen wir einen Reisebericht, ein Tagebuch oder eine Autobiographie? Ein *Journal intime* oder *Confessions*? Eine Beichte oder eine Liebeserklärung? Handelt es sich um ein Notizbuch, eine Sammlung von Aphorismen oder einen Essay? Und wäre dieser eine psychologische Studie oder ein provokatives Lob der Unbesonnenheit, der Verirrung, der Absonderung? Oder handelt es sich sogar um ein Gebet? Um Exerzitien, eine Meditation, eine mystische Erfahrung? Ist es ein Traum, ein Tagtraum, eine Halluzination? Eine erotische Phantasie oder eine narzisstische Selbstbeobachtung? Oder doch eine Reportage aus dem bereisten Land – wenn auch in hochgradig verfremdeter Form? *Le Voyage secret* erweist sich bereits formal als mehrfach lesbar.

Die Sprache ist teilweise rätselhaft. Einige Sätze haben die Geschlossenheit zeitloser Sentenzen. Andere sind mindestens vage, wenn nicht hermetisch.

Vordergründig betrachtet, scheint die Liebesbeziehung die Verheimlichung zu verlangen und *Le Voyage secret* sich in der poetischen Darstellung einer Leidenschaft zu erschöpfen. Der Liebende weiß: »Ist einmal alles ausgesprochen, verliert man das Interesse« (»Une fois tout exprimé, on est sans intérêt«). Die Beteiligten müssen vorsichtig sein, sie sprechen »eine eigene Sprache, deren Symbole geheim sind« (»nous avons un langage à nous, dont le chiffre est secret«).

Aber die Verschlüsselung geht darüber hinaus. Alle wichtigen Daten werden uns vorenthalten. Die Namen von Personen und Orten sind abgekürzt. Verweise auf gesellschaftliche, politische oder historische Zusammenhänge werden ausgeblendet, verunklart oder im Allgemeinen gehalten. Jouhandeaus *Voyage* scheint durch einen unbekannten Raum in einer ungewissen Zeit zu verlaufen.

Dass der Titel auf dem Umschlag und in der Titelei zwar durchgehend großgeschrieben wird, »LE VOYAGE SECRET«, im Klappentext aber, auf der Umschlagrückseite, mit großen und kleinen Buchstaben, *Le Voyage secret*, ist hintersinnig. Denn die im Französischen ungewöhnliche Großschreibung des Substantivs signalisiert, dass sich die Heimlichkeit nicht auf die Reise (*voyage*), sondern auf deren Bericht (*Voyage*) bezieht. Der Text selbst bildet das Geheimnis. Wer ihn liest, sieht sich vor die Aufgabe gestellt, ihn wie einen Schlüsselroman zu entziffern.

Dass sein Prinzip die Verschlüsselung ist, spricht der Erzähler selbst an: »Crée un langage nouveau, pour qu'on ne t'entende jamais tout à fait.« (»Entwirf eine neue Sprache, damit man dich nie ganz verstehe.«) Eine »neue Sprache«, die ein *gänzliches* Verstehen verhindert – aber ein *gewisses* Verstehen dennoch ermöglicht. Wie können wir diese Herausforderung annehmen und die Verschlüsselung auflösen?

Indizien

Bei aller Geheimhaltung finden sich doch einige Anhaltspunkte, die sich zu einem schlüssigen Bild zusammenfügen. Sie werden als Indizien eingespielt, mit deren Hilfe wir das »Geheimnis« geradezu kriminalistisch aufklären können.

Wenn der Ich-Erzähler, ein Schriftsteller, »M. G.« genannt wird, entspricht dies phonetisch dem Namen des Autors, Marcel Jouhandeau, da sich der Buchstabe »J« lediglich in ein »G« verwandelt, das vor einem weichen Vokal genauso ausgesprochen wird. Die Grenze zwischen Autor und Erzähler wird unscharf. *Le Voyage secret* ist eine Autofiktion.

Die Figur »X.«, in die sich dieses lyrische Ich, »M. G.«, verliebt, spielt die Rolle eines Reiseleiters; er bekleidet ein Amt (»Son rôle officiel«), für das seine Ausstrahlung wesentlich ist (»un fonctionnaire, dont le charme est le principal moyen d'action«); mit der Reise befolgt er eine »Pflicht«, er führt einen »Auftrag« aus (»service commandé«), der über die Organisation einer touristischen Rundfahrt hinausgeht, dessen »Erfolg« nicht gefährdet werden darf (»ne pas compromettre le succès de ce voyage«) und der sich auf die Person des reisenden Erzählers bezieht (»il a des devoirs envers moi«).

Wir erfahren, dass die Reise von einer Gruppe unternommen wird (»compagnons de route«) und dass einige Teilnehmer einander nicht kannten (»Sans X. je ne connaîtrais ni H. ni R. ni A. ni Z.«), bevor sie nun eine Reihe von Aktivitäten gemeinsam unternehmen.

Das Fortbewegungsmittel ist ein Zug (»train«, »cabine«). An mehreren Orten machen die Reisenden Halt, um in einem Hotel zu übernachten oder ein Lokal aufzusuchen (»Dans un caveau je suis assis entre X. et H.«). Die Landschaft wird als Gebirge (»montagnes«) oder als Wald beziehungsweise als sehr ursprünglicher Wald

(»forêts sauvages«) beschrieben. Von einem Meer zum Beispiel ist keine Rede.

Einige Orte werden mit Buchstaben bezeichnet: »S.«, »V.« und »B.«. Kommen mehrere Abkürzungen zusammen, ergibt sich ein Ansatz für eine spekulative Kombination: So kann »V. au bord du D.« als »Vienne au bord du Danube« gedeutet werden: als »Wien an der Donau«. Fügt man die Orte entlang einer Route zusammen, könnten, wenn »V.« für Wien steht, das zuvor erwähnte »S.« Salzburg und das nachher genannte »B.« Berlin bedeuten – allerdings auch Brünn oder Breslau. Die Region, die man verlässt, wenn man von »V.« nach »B.«, also womöglich von Wien nach Berlin, fährt, wird als »Heimat des Barock« bezeichnet (»attention au baroque. Nous en quittons la patrie«).

Die bereiste Kultur charakterisieren Aufführungen von Mozart – in »S.« – und Schubert – in »V.« – sowie ein Verweis auf Bach und dessen »concert brandebourgeois«. Zweimal wird Friedrich der Große erwähnt.

Die Fahrt führt vorbei an berühmten Schlachtfeldern (»des champs de batailles les plus célèbres du monde«), möglicherweise sind es die des Siebenjährigen Krieges (1756–1763) oder der Napoleonischen Kriege (Austerlitz 1805) beziehungsweise der Befreiungskriege (Leipzig 1813) – jedenfalls der Auseinandersetzungen zwischen Deutschland (Preußen) und Frankreich.

Das bereiste Land ist dem Erzähler fremd (»mon dépaysement«). Er betrachtet es jedoch mit starker Sympathie und sogar als eine Art Wahlheimat (»ma terre de prédilection«).

Der Geliebte, »X.«, gehört einer anderen Nation an (»sa patrie«). Offenbar stammt er aus dem Land, durch das die Reise führt. Man spricht dort eine andere Sprache. Die beiden sind jedoch in der Lage, sich zu unterhalten. Da sich »X.« sowohl mit dem Erzähler wie auch mit »H.« verständigen kann, dessen Sprache der Erzähler nicht versteht (»nous ne parlons pas la même langue«), wäre anzunehmen, wenn »H.« ein Landsmann von »X.« ist, dass dieser neben seiner eigenen auch die Sprache des Erzählers beherrscht, das heißt wohl: Französisch, die Sprache, in welcher der Text verfasst ist, »le langage de Racine«.

Abgesehen vom Namen der Ehefrau des Erzählers (wie des Autors), »Élise«, dem einzigen Frauennamen, wird nur an einer Stelle ein weiterer Name einer Figur ausgeschrieben: Den Mitreisenden, dessen Name mit »H.« abgekürzt wird, spricht der Erzähler in einer Dialogszene als »Jean« an – was die Schlussfolgerung nahelegt, dass es sich um den deutschen Vornamen »Hans« handelt.

Einzelne Schauplätze werden durch genauere Hinweise angedeutet: In »V.« befindet sich ein Museum (»musée de V.«), in dem griechische Statuen (»sculpture grecque«) und christliche Kunstwerke (»art chrétien«) ausgestellt sind und an dessen Ausgang »H.« eine Postkarte mit einem Gemälde aus der Renaissance erwirbt (»un portrait de Lorenzo Lotto qui ressemble à X.«); überdies gibt es dort eine Oper (»l'Opéra de V.«) und ein Schloss, einen »kaiserlichen Palast« (»le plus impérial palais du monde«), in dem ein Empfang durch einen »Fürsten« (»Prince«) und das Schubert-Konzert stattfinden. Wenn beide in »W[ien] an der D[onau]« zu verorten sind und sich die Sammlung anhand der erwähnten Ausstellungsstücke bestimmen lässt, wäre anzunehmen, dass es sich um das Kunsthistorische Museum und um die Hofburg handelt.

Zum Abschluss der Reise findet ein Kongress statt (»X. organise une conférence«). Er scheint das Ziel, der Zweck der Unternehmung zu sein, zu dem der Erzähler zusammen mit den Mitreisenden unterwegs ist.

Der Text nennt nur ein einziges Datum, und es liegt in der Vergangenheit. Dennoch lässt sich anhand dieser Information, als *terminus post quem*, eine Datierung vornehmen: »depuis 1938«, »seit 1938«, heißt es, habe der Erzähler eine derartige »Stille« und »Nacht« wie jetzt mit »X.« mit keinem Menschen erlebt. Ein Tisch wiederum ist mit »Herbstblumen« (»fleurs automnales«) geschmückt, woraus sich die Jahreszeit ableiten lässt.

Die historischen Umstände sind fast vollständig ausgeblendet. Nur indirekt können wir aus einzelnen Andeutungen schließen, dass die Atmosphäre angespannt ist: Der Erzähler sammelt zugeteilte Zigarren (»j'ai conservé tous les cigares qu'on m'a offerts«), und er stiehlt sogar welche (»j'ai volé tous ceux qu'on ne m'offrait pas«), um sie seinem Angebeteten zum Geschenk zu machen (»pour les donner à qui je les ai donnés«). Zigarren waren also Mangelware, sie wurden rationiert, und sogar der Leiter einer aufwendigen Rundfahrt, in deren Verlauf ein anspruchsvolles Kulturprogramm absolviert wird und ein Empfang durch einen Würdenträger stattfindet, ist dieser Einschränkung unterworfen.

Die Sänger eines Chors im »Palast« des »Prinzen« werden als »junge Krieger« (»jeunes guerriers«) bezeichnet. Das Militärische scheint also eine gewisse Rolle zu spielen, und der altertümliche Ausdruck zeigt an, dass es positiv besetzt ist. Die archaisierenden Vokabeln »prince« und »guerrier« laden dazu ein, das Geschehen in eine mittelalterliche oder frühneuzeitliche Vergangenheit zu versetzen, während die Eisenbahnfahrt und die Jahreszahl 1938 einen vormodernen Hintergrund eigentlich ausschließen.

Die Gefahr, dass das Begehren für »X.« entdeckt werden könnte, obwohl es ›geheim‹ und ›platonisch‹ bleibt, ist nicht nur eine soziale, sondern sie besteht sogar in ernsthaften Konsequenzen, die der Erzähler von der Polizei zu erwarten hätte, falls man ihn an sie »denunzieren« sollte (»de me dénoncer à la police ou au mépris public«). Homosexualität gilt im fraglichen Zusammenhang als ein Vergehen, das gesellschaftlich geächtet (»mépris public«) und staatlich (»la police«) verfolgt wird.

Wenn wir diese verstreuten Indizien zusammenfügen, können wir das Rätsel auflösen: Die »geheime Reise« führt in einer Zeit nach 1938, in der Mangelwirtschaft, Militär und Polizei herrschen und Homosexuelle verfolgt werden, von Frankreich durch Deutschland (und durch das angeschlossene Österreich), weshalb anzunehmen ist, dass sie vor 1945 stattfand, der historischen Plausibilität zufolge jedoch kaum 1944, als eine geordnete Reise mit einem ungestörten Besichtigungsprogramm nicht mehr möglich war. Der Erzähler ist Franzose, und er befindet sich in einer Gruppe, deren Reiseleiter ein deutscher Funktionär ist. Der Weg des Reisenden, so heißt es vielsagend, ist folgsam (»conforme«), und seine Ziele sind bekannt (»connues«).

Die Informationen sind minimal. Aber sie sind vorhanden. Sie werden genau in dem Maß dosiert, das eine Entschlüsselung *gerade noch* zulässt; und zwar eine Entschlüsselung, die detektivisch vorgenommen werden muss – so als handele es sich nicht nur um eine Liebesgeschichte, die geheim bleiben muss, sondern auch um einen Kriminalfall, den es zu lösen gilt, das heißt: um ein Verbrechen, das aufzuklären ist.

Kombination

Dass sich *Die geheime Reise* auf tatsächliche Ereignisse bezieht, ist nicht mehr aus dem Text selbst zu erschließen, sondern nur durch äußere Informationen zu ergänzen: dass es sich nämlich um eine Fahrt handelt, die im Oktober 1941 von Paris aus den Rhein hinauf, über Salzburg, Wien und Berlin zu einem Schriftstellerkongress nach Weimar führte, wo als Gegenentwurf zum internationalen PEN-Club die Europäische Schriftstellervereinigung gegründet werden sollte, um europäische Autoren für die

Idee eines geeinten Europa unter deutscher Führung im Kampf gegen die Sowjetunion zu mobilisieren; dass es sich bei »X.«, dem Objekt des Begehrens, um den deutschen Offizier Gerhard Heller handelt, der in Paris für die Überwachung der Literatur zuständig war und die Reise der französischen Teilnehmer als Propaganda-Unternehmen organisierte; dass sich Marcel Jouhandeau in Begleitung von zunächst zwei und dann vier weiteren französischen Autoren befand, Ramon Fernandez und Jacques Chardonne sowie Pierre Drieu la Rochelle, Robert Brasillach, Abel Bonnard und André Fraigneau; dass »H.« beziehungsweise »Jean« der Nazidichter Hans Baumann ist (der das berüchtigte Lied von den »morschen Knochen« verfasste: »Wir werden weitermarschieren, / wenn alles in Scherben fällt, / und heute *ge*hört uns Deutschland / und morgen die ganze Welt.«); und dass sich hinter dem »Prince«, der den Reisenden in »V.« einen Empfang bereitet, der Gauleiter und »Reichsjugendführer« Baldur von Schirach verbirgt.

Diese Informationen lassen sich zunächst aus Zeugnissen von Jouhandeau selbst heranziehen. Denn in *Le Voyage secret* wird ein Reisetagebuch erwähnt (»mes *Carnets*«), das der Erzähler unterwegs führt. Und in der Tat sind zwei Fassungen eines solchen Tagebuches von Jouhandeau überliefert: eine Handschrift, *Souvenirs d'Allemagne*, und ihre Abschrift mit Schreibmaschine, *Carnet de voyage*. Erst postum erschien eine bereinigte Version als *Journal sous l'Occupation* (1980).

Unmittelbar nach der Reise, im Dezember 1941, veröffentlichte Jouhandeau lediglich einen kurzen Bericht unter dem Titel »Témoignage« in der *Nouvelle Revue Française*, der wenig später ins Deutsche übersetzt wurde. Er beginnt wie folgt: »Oui, je suis venu en Allemagne. J'ai voulu voir; j'ai vu un grand peuple à l'œuvre.« (»Ja, ich bin nach Deutschland gegangen. Ich wollte sehen; ich sah ein großes Volk am Werk.«) Indem sie seinen Titel als »Bekenntnis« und nicht wörtlich als »Zeugnis« übersetzt, bezeichnet die deutsche Ausgabe Jouhandeaus Text, nicht zu Unrecht, als politische Parteinahme.

Die Berichte der übrigen französischen Teilnehmer, die in der Kollaborationspresse abgedruckt wurden, liefern weiteres Material zur Dokumentation der Reise und damit zur Aufklärung des »Geheimnisses«, das Jouhandeau in *Le Voyage secret* so kunstvoll chiffriert hat: Abel Bonnard, »Impressions d'Allemagne« (*L'Émancipation nationale*, 26. Dezember 1941); Robert Brasillach, »J'ai parlé à Berlin aux ouvriers français«, »Le congrès de Weimar« und »L'art et les artistes du III Reich« (*Le Petit Parisien*, 4., 5. und 7. November 1941); Jacques Chardonne, »Voir l'Allemagne« (*La Gerbe*, 13. November 1941); Pierre Drieu la Rochelle, »L'Allemagne européenne« (*Nouvelle Revue Française*, Januar 1942); Ramon Fernandez, »Ce que je viens de voir en Allemagne« (*Paris-soir*, 5. November 1941) und »A travers l'Allemagne« (*La Gerbe*, 6. November 1941); André Fraigneau, »›Iphigénie‹ à Weimar« und »›Faust‹ à Berlin« (*Comœdia*, 8. und 15. November 1941). Propagandistisch war die Aktion ein Erfolg.

Jacques Chardonne schrieb sogar ein Buch, *Le Ciel de Niefheim* (1943), *Der Himmel von Niflheim*, in dem er seine Eindrücke aus dem kriegführenden ›Reich‹ mit Erinnerungen an ein ländliches Frankreich zur reaktionären Vision eines geeinten ›Abendlandes‹ verbindet, das unter deutscher Führung den ›Bolschewismus‹ abwehrt. Gleich nach seiner Rückkehr aus Deutschland wurde Chardonne im Dezember 1941 bei Philippe Pétain (1856–1951) vorstellig, um den Chef des *État français* von Vichy zu bewegen, an der Seite der Achsenmächte in den Krieg einzutreten.

Auf deutscher Seite gibt es Photos in Zeitungen, Berichte der Behörden und ein offizielles Erinnerungsalbum. In seinen Memoiren (1981) schildert Gerhard Heller die Reisen der internationalen Autoren zum Weimarer Schriftsteller-Kongress (1941 und 1942) sowie seine besondere Beziehung zu Marcel Jouhandeau.

Das wohl entlarvendste Zeugnis stammt von Joseph Goebbels. Er berichtet in seinem Tagebuch über den Besuch der ausländischen Schriftsteller, die sein Ministerium erfolgreich nach Deutschland gelockt hatte (am 27. Oktober 1941):

> »Ich empfange eine Delegation ausländischer Autoren, zum Teil von bedeutendem Namen und Rang. [...] Ich halte ihnen eine kurze Ansprache über die geistige und organisatorische Neuordnung Europas, die von ihnen sehr beifällig aufgenommen wird. Sie haben eine Reise durch das Reich gemacht und kehren voll der tiefsten Eindrücke nach einem

> noch bevorstehenden Besuch auf der Weimarer Buchwoche in ihre Heimat zurück. Solche Reisen ausländischer Prominenter wirken sich immer segensreich aus. Die beste Propaganda ist doch die eigene Inaugenscheinnahme.«

Der andere Eintrag des Propagandaministers (vom 23. Oktober 1941) ist noch deutlicher und zynischer:

> »Die Gründung des Europäischen Schriftstellerverbandes in Weimar hat in der ganzen Öffentlichkeit ein denkbar gutes Echo gefunden. Wie mir berichtet wird, haben die in Weimar versammelten Schriftsteller sich mit nie dagewesener Begeisterung für die Ziele eines neugeordneten Europa eingesetzt. Die Franzosen haben sogar geweint. Das ist auch das beste, was sie im Augenblick tun können [...]. Ich habe die Absicht, mit diesen europäischen Schriftstellern noch einiges zu unternehmen.«

Doppelsinn

Auch ohne exakte Rekonstruktion der Ereignisse jedoch liefert Jouhandeau hinreichend Anhaltspunkte, um die Problematik der Reise eines französischen Schriftstellers durch Hitlerdeutschland im Jahr 1941 zu vermitteln. Sobald der Bezug auf Deutschland erkannt ist, wird ein Subtext sichtbar, der die scheinbar zeitlose Handlung von *Le Voyage secret* historisch brisant macht. Die vermeintliche Liebesgeschichte wird mit einem Schlag doppelt lesbar:

Alles ist im Hinblick auf das Liebesthema, als Sprache der Leidenschaft, und zugleich politisch zu verstehen, als Apologie eines Verrats.

Die Reise, betont Jouhandeau an mehreren Stellen, hat zwei Dimensionen:

> »il y a deux voyageurs en moi qui ne se mêlent pas; l'un suit ses voies mystérieuses, l'autre un itinéraire conforme à celui du troupeau.« (»in mir sind zwei Reisende, die sich nicht vereinen; der eine geht seine geheimnisvollen Wege, der andere einen Pfad, welcher der Herde folgt.«)

> »Il y a deux voyages dans ce voyage, celui que je fais avec tous les autres et à des fins connues, et celui que je fais seul secrètement avec un autre seul: *un voyage secret*.« (»Es sind zwei Reisen in dieser Reise, die, die ich mit all den anderen und mit bekanntem Zweck unternehme, und die, die ich insgeheim mit einem anderen Einzelnen allein unternehme: *eine geheime Reise*.«)

> »Ô la divine unité intérieure de ce voyage qui est un poème incompréhensible, dont le double aspect, où je cache mes secrets, selon, m'enivre ou me rassérène.« (»Oh, göttliche innere Einheit dieser Reise, sie ist ein unverständliches Gedicht, dessen Doppelsinn, in dem ich meine Geheimnisse verberge, mich entweder berauscht oder beruhigt.«)

Das Verfahren des Verschweigens, Verschlüsselns und Andeutens ist nicht mehr nur im Rahmen der Liebeshandlung zu verstehen – es weist zugleich über sie hinaus. Jouhandeaus Erzählung ist erotisch *und* politisch zugleich. Seine Reise symbolisiert die Verzückung des Erzählers für den Geliebten, aber auch seine Begeisterung für dessen Nation und für die Landschaften ihrer Ideologie: »Ô paysages visités!«; »le plus beau paysage du monde«.

Diese Begeisterung ist nicht nur aus heutiger Sicht problematisch. Bereits der Erzähler scheint sich bewusst zu sein, dass er einen Fehler begeht. »Est-ce un piège?«, fragt er sich gleich zu Beginn, als er seine Heimat verlässt. Er geht in eine »Falle«, das heißt vordergründig: er verfällt, als verheirateter Mann, einem Mann; und es heißt hinter- und abgründig: er kollaboriert mit der Besatzungsmacht. Das Motiv der Kompromittierung, die Schuld, die es zu verheimlichen gilt, bezieht sich auf das verbotene Begehren ebenso wie auf die verräterische Hingabe an den Erbfeind: »Est-il possible que je me sois commis, compromis avec lui?« (»Ist es möglich, dass ich mich mit ihm eingelassen, mit ihm in Gefahr gebracht habe?«)

Auch ohne weiteres Vorwissen und ohne Aufschlüsselung seiner einzelnen Elemente ist der Text in diesem Sinn zu verstehen. Am Ende fühlt sich der Erzähler wie »unter Wölfen« (»au milieu des loups«). Während die Neigung zu »X.« imaginär bleibt, hat er sich in der Tat mit den Falschen eingelassen.

Alle Motive, die im Verlauf der Liebeshandlung und

der lyrischen Darstellung der Leidenschaft des Erzählers für »X.« eingesetzt werden, nehmen so eine politische Bedeutung an: »terreur«, »peur«, »misère«. Es ist nicht mehr zu entscheiden, was metaphorisch und was buchstäblich zu verstehen wäre.

Die Schlüsselvokabeln funktionieren entsprechend sowohl in einer konventionellen Liebesrhetorik wie auch in einem politischen Diskurs: vor allem das »Monstre«, als das der Erzähler das Objekt seines Verlangens bezeichnet, und der »Diable«, den der Liebende als Verführer beschwört. Denn der Teufel, der ihn in Versuchung führt, bringt ihn nicht irgendwohin, sondern in die Reichshauptstadt: »le Diable nous emporte maintenant à B.«

Marcel Jouhandeau hat sich als Kollaborateur kompromittiert, indem er an einer Propagandareise teilnahm. Indem er die Verantwortung für sein Verhalten auf einen mephistophelischen Verführer projiziert, mindert er seine eigene Schuld. Er inszeniert den Nationalsozialismus auf diese Weise als das gar nicht banale ›Böse‹, ganz im Gegensatz zu Hannah Arendts berühmter Diagnose von Adolf Eichmann. Er erotisiert, charismatisiert, diabolisiert seinen Repräsentanten als eine unwiderstehliche Kraft, die moralisch kaum mehr zu fassen sei. »Alors, où est le mal?« Was soll daran verwerflich sein, wenn man für sein Handeln nicht wirklich verantwortlich ist?

Der Erzähler versucht, sich zu rechtfertigen, indem er seine Teilnahme an der doppelt schuldhaften Fahrt, den Ehebruch wie den Landesverrat, durch eine Verblendung erklärt, die *einzig* das Verlangen nach »X.« hervorgerufen habe: »Sans X. je ne serais pas venu, [...] je ne savais pas ce que je faisais. [...] Je suis parti, sa main sur mes yeux.« (»Ohne X. wäre ich nicht gekommen [...], ich wusste nicht, was ich tat. [...] Ich brach auf, seine Hand vor meinen Augen.«) Der politische Verrat wird durch eine *amour fou* verdeckt.

Aber dieser Versuch misslingt. Und dass er misslingt, liegt in der Kunst von Jouhandeau selbst. Denn sein Werk ist ein ausgeklügeltes Experiment: ein literarisches Versteckspiel, das um das zentrale Konzept eines »Geheimnisses« organisiert ist, den Schlüssel beziehungsweise die Indizien zu seiner Dechiffrierung aber wohlbedacht mitliefert. Es handelt sich um ein ›verdecktes Schreiben‹, das sich selbst verrät. Denn bei aller Verschleierung seiner historischen Umstände ist der Text doch decodierbar.

Psychologisch scheint es um Leidenschaft, Untreue und Scham, um Masochismus, Narzissmus und Exhibitionismus zu gehen: um eine Leidenschaft als Leidensgenuss, die selbstmitleidig ausgekostet und geradezu zwanghaft mitgeteilt wird, während ihr Objekt, »X.«, beinahe austauschbar zu sein scheint. Psychoanalytisch aber wäre zu fragen, wofür »X.« eigentlich steht: Worauf verweist die sentimentale Phantasie als Symptom? Was bedeutet, wenn wir ihre Zeichen entziffern, die Wiederkehr des Verdrängten? Als historischer Schlüsselroman handelt *Le Voyage secret* von einem Vergehen, von dessen

Verschweigen und von dessen Entlarvung. Der Text ist Schuldabwehr und Schuldbekenntnis zugleich.

Vom Tagebuch zum Roman

Der Hintergrund des Romans erhellt sich sofort, sobald man das Reisetagebuch liest, das Marcel Jouhandeau hinterlassen hat. Im Vergleich mit dem *Carnet* wird erkennbar, was in *Le Voyage secret* verborgen ist. Gleich am Beginn steht die Gewissensfrage: »Ein Freund besucht mich und sagt: ›Nur du kannst es dir leisten, diese Reise zu machen, ohne dass ich es dir übel nehme.‹« Gemeint ist Jean Paulhan (1884–1968), der sich während der Besatzungszeit in der Résistance engagierte. Der Freispruch ist verkündet, ehe die Tat beschrieben wird. Erst dann folgt eine Rechtfertigung.

Die Liebesgeschichte, die in *Le Voyage secret* den historischen Hintergrund verdeckt, ist im Tagebuch viel weniger ausgearbeitet. Der Roman ist ein Liebestext, das Tagebuch nicht. Die Figur »X.« spielt hier eine viel geringere Rolle. Ein homosexuelles Begehren ist allenfalls zu ahnen. Es scheint sich in *Le Voyage secret* mithin um eine nachträgliche Fiktionalisierung zu handeln, die eine zugleich künstlerische und politische Aufgabe hat: die Faszination für den Faschismus in eine Allegorie zu verwandeln.

Eine Faszination für die nationalsozialistischen Führungspersönlichkeiten wird im Tagebuch sehr deutlich an den Beschreibungen von Baldur von Schirach (»niemals sonst wie an diesem Abend der Eindruck, einem Führer zu begegnen«) und Joseph Goebbels (»eine Intelligenz und ein Wille, wie sie selten sind, ein Scharfsinn und eine Beharrlichkeit, die keinen Schatten kennen, den sie nicht durchdringen, kein Hindernis, das sie nicht durchbrechen«). Aber auch weniger bedeutende Funktionäre werden pathetisch als eindrucksvoll beschrieben (»nichts strahlte von erhabener Glut mit größerem Glanz als die Augen des *Oberbürgermeisters* und des Herrn Hövel«). *Le Voyage secret* beschreibt eine Begeisterung für die Repräsentanten der Diktatur, eine Anfälligkeit für »starke Männer«, die mit dem Untergang des ›Dritten Reiches‹ nicht verschwinden wird.

Im Tagebuch zeigt Jouhandeau seine Germanophilie (»Bewundernswertes Deutschland«, »ich liebe Deutschland«, »die Kraft, die Energie«) und seine kollaborationistische Ideologie. Er zitiert Goebbels' Rede von der »europäischen Gemeinschaft« im ›Kampf gegen den Bolschewismus‹ und übernimmt kritiklos das Lob Pétains (»es gibt in Europa heute nur einen einzigen Marschall, und das ist Pétain«). Aber diese Haltung wird während der Reise herausgefordert. Am Ausflug ins besetzte Straßburg nehmen die französischen Autoren nicht teil. Zweimal (in Salzburg und auf dem Weg nach Weimar) begegnen sie französischen Zwangsarbeitern.

An mehreren Stellen kommt Jouhandeaus Judenhass zum Ausdruck. Der Krieg, so behauptet er, sei ein »jüdischer Krieg« (»une guerre juive«). Deutschland werde, so hofft er, die ›Judenfrage‹ jetzt »regeln«, »zumindest negativ« (»grâce à l'Allemagne le sort des Juifs va être au moins négativement réglé pour l'Europe«). Und er fürchtet sogar, die Deutschen könnten die Judenverfolgung zu früh wieder abmildern (»craignons plutôt nous-mêmes que leur libéralisme renaissant ne les engage à rouvrir trop tôt leurs portes aux Juifs et au bolchevisme«). Das ist die Sprache eines Heinrich Himmler – und der Verfolgungswahn eines Louis-Ferdinand Céline.

Bereits 1936 und 1937 hatte Jouhandeau judenfeindliche Artikel in den rechtsradikalen Zeitungen *L'Action française* und *Je suis partout* veröffentlicht und dann zu einem Pamphlet ausgearbeitet. *Le Péril juif* (1937), *Die jüdische Gefahr*, ist eine Verschwörungsphantasie (»sie sind überall«, »ils sont partout«), die an die antisemitischen Schriften von Céline heranreicht (*Mea Culpa*, 1936; *Bagatelles pour un massacre*, 1937; *L'École des cadavres*, 1938; *Les Beaux Draps*, 1941). Jouhandeau erklärt seinen Hass auf prominente französische Juden, vor allem Ministerpräsident Léon Blum (der von Juni 1936 bis Juni 1937 regierte). Dieser, schreibt er sogar, sei ihm fremder als Hitler.

Le Péril juif ist eine wirre Collage antisemitischer Stereotype: »Rasse«, »Blut«, »Geld«, »Habgier«, »Spekulation«, »Hochfinanz«, »Kommunismus«, »Presse«, »Ironie«. Die Juden seien ›unkreativ‹, ›vaterlandslos‹, »unassimilierbar«, sie verdienten einen »Sonderstatus«. Die Rhetorik strotzt vor aggressiven Schmähungen: »israelitische Sippe« (»M. Blum avec toute sa séquelle israélite«), »semitischer Clown« (»ce petit clown sémite«), »fremdartiger Zwerg« (»gnome étranger«), »affenhaft« (»simiesques«), »Eindringling« (»intrus«), »Parasit« (»parasite«), »Laus« (»pou«), »Krankheit« (»maladie«). ›Die Juden‹, meint Jouhandeau, seien der »schlimmste Feind« Frankreichs (»le pire ennemi de mon pays«, »ils nous haïssent«), sie würden die Franzosen »beherrschen« (»les Juifs nous oppriment«, »l'esclave du Juif«), »kolonisieren« (»dangereusement *colonisante*«), überfremden (»ouvrent nos portes à une pègre qui vient de partout«), vertreiben (»nous chasser de chez nous«), vernichten (»nous détruire«). Sogar die rassistische Wahnvorstellung vom ›großen Austausch‹ kommt hier zum Ausdruck (»On substitue à ce qui est proprement nôtre, le général, l'humain abstrait«). *Le Péril juif* erschien im Pariser Verlag Fernand Sorlot, der Adolf Hitler im Programm hatte und auf der Umschlagrückseite bewarb. Auf seinen Artikel in der *Action française* angesprochen, zeigte Jouhandeau auch nach dem Krieg, wie Mathieu Galay in seinem Tagebuch festhielt, »kaum Reue« (»de remords, guère«) (20. Januar 1963). Später wurde *Le Péril juif* mit einem angeblichen Vorwort von Jouhandeau aus dem Jahr 1972 (»Ultima verba«) klandestin neu herausgebracht – als offenbar nach wie vor wirksame Kampfschrift.

Diese antisemitischen Pamphlete der Jahre 1936 und 1937 verteidigt Jouhandeau 1941 in seinem Reisetagebuch. Er habe sich unter Blum »von den Juden regiert« gefühlt (»blessé au vif en 1936 de me sentir gouverné par les Juifs«), und da ›die Juden‹ die Medien beherrschten, sei ihm nur der Weg zur *Action française* geblieben (»les Juifs et leurs comparses m'empêchaient de me faire entendre«).

In den beiden Begegnungen mit Juden allerdings, von denen das Reisetagebuch berichtet, am 16. Oktober 1941 in München und am 20. Oktober 1941 in Wien, findet sich keine solche Rhetorik. Im Gegenteil: Jouhandeau scheint »entsetzt« zu sein, dass die Juden den gelben Stern tragen (»tous marqués!«, »nanti de la rouelle«). Im Angesicht tatsächlicher Verfolgung wirkt der Beobachter bewegt und verstört: »Mein Blick richtet sich zuerst auf das Zeichen, mit einer Art von entsetzter Erschütterung, und dann in die Augen des Gepeinigten.« (»Mon regard se porte sur l'enseigne d'abord, avec une sorte de stupeur affolée et puis dans les yeux du supplicié«).

Wenn wir das Tagebuch als historisches Zeugnis betrachten, erfahren wir viel über Ressentiments, aber auch über gelegentliches Unbehagen; über die Sichtbarkeit der Juden mit dem gelben Stern in der Öffentlichkeit, aber auch über verschämte Zeichen der Empathie.

Widersprüche

Marcel Jouhandeau als widersprüchlich zu bezeichnen, ist eine Untertreibung. In seinem Erzählwerk beschrieb er die Abgründe des Lebens in der katholischen Provinz und die Hölle einer turbulenten Ehe in Paris. Als Homosexueller kannte er das Leiden der Verfolgten, aber als

Antisemit beteiligte er sich an der Verfolgung anderer Ausgestoßener. Walter Benjamin besuchte ihn und übersetzte mehrere seiner Novellen. Ernst Jünger begegnete ihm während der Besatzungszeit. Er war befreundet mit Jean Paulhan, einer intellektuellen Leitfigur der Résistance, und mit Michel Leiris, dem Surrealisten und Ethnologen. Nach der Befreiung wurde er als Kollaborateur des Verrats beschuldigt. Sein Werk jedoch wurde kanonisiert. Zahlreiche Bände erschienen im renommierten Verlag Gallimard. Seit 2006 finden jährliche Literaturfestivals in seinem Heimatort Guéret statt, den er in seiner Literatur »Chaminadour« nennt: »Rencontres de Chaminadour«.

Nachdem er Jouhandeau in Paris kennengelernt hatte, blieb Ernst Jünger auch nach dem Krieg mit seinem »Freund« in Kontakt. In seinen Tagebüchern erwähnt er ihn in einem Zeitraum von mehr als einem halben Jahrhundert, zwischen 1942 und 1994, bei zahlreichen Gelegenheiten. Er schätzt Jouhandeaus Prosa und charakterisiert ihn als einen »Seelenphotographen« (20. März 1943). Er erfasst seine exzentrische Eigenart, wenn er schreibt, er habe viel »vom mittelalterlichen Mönche, und zwar vom ekstatischen Typus« (21. August 1943). Noch kurz vor dessen Tod erscheint Jouhandeau ihm als »ewiger Jüngling« (4. Januar 1979). Anekdotisch erzählt Jünger, wie in Jouhandeaus Haus Schlangen entwichen (14. März 1943) und wie seine Frau nackt Lieferanten empfing (14. März 1943). Er bemerkt, wie Jouhandeau in Panik geriet, als er annahm, auf einer »Exekutionsliste« zu stehen (10. September 1943), aber auch, wie er ihm später von seinem »Ekel« angesichts der Studentenproteste schrieb: »Je meurs de dégoût. Marcel.« (21. Juni 1968).

Im Tagebuch des Literaturkritikers Matthieu Galey wird Jouhandeaus Extravaganz anschaulich, wenn dieser immer wieder offen und theatralisch von erotischen Phantasien und Abenteuern spricht. Galey vermerkt auch die Bosheiten von Jacques Chardonne, die sich nicht nur auf Jouhandeaus Literatur und Charakter, sondern auch auf seine sexuelle Orientierung beziehen. So soll der ehemalige Reisegefährte gespottet haben: »Jouhandeau, da hatte einer 'mal die Bedeutung des Wortes Kollaboration verstanden; er vögelte!« (»Jouhandeau, en voilà un qui avait compris le sens du mot collaboration; il forniquait!«) (13. März 1959).

Künstlerisch steht Jouhandeau in der Tradition eines neoromantischen Mystizismus und eines Ästhetizismus des Bösen. Formal gibt es aber auch Anklänge an den Surrealismus und den *stream of consciousness* der Klassischen Moderne. Auch stilistisch werden wir an Céline erinnert, wenn sein elliptischer Text bisweilen wie ein Bewusstseinsstrom von Lücken und Auslassungszeichen durchsetzt ist, die eine Verstörung anzudeuten scheinen: »Et cette bouche, que mon rasoir a blessée cruellement hier, me fait mal ... Et le sommeil qui n'est jamais venu ...« (»Und dieser Mund, den mein Rasiermesser gestern grausam verletzte, bereitet mir Schmerzen ... Und der Schlaf, der nie kam ...«)

Verklärungen

Neben seiner erotischen und seiner politischen Dimension hat *Le Voyage secret* auch eine mythologische beziehungsweise religiöse.

Das mythische Objekt des Begehrens ist Adonis. Wenn Jouhandeau diese Figur aufruft, nimmt dies vor dem Hintergrund seiner Reise indes eine abgründigere Bedeutung an, als man auf den ersten Blick meinen könnte. Denn im Mythos war der schöne Mann ein Grenzgänger zwischen der Welt der Lebenden und dem Reich der Schatten, zwischen Aphrodite und Persephone, so wie sich *Le Voyage secret* zwischen Eros und Faschismus bewegt.

Das mythische Muster der Reise bildet die Fahrt der Argonauten. Herakles, der an ihr teilnimmt, wird durch das Nessosgewand qualvoll zugrunde gehen (»la tunique de feu«); Hylas wird in ihrem Verlauf untergehen; und Medea wird von ihr unheilbringend zurückgebracht werden. »All dies liegt nur in der Luft, in der Zukunft, verhängnisvoll.« (»Tout cela est seulement dans l'air, à venir, fatal.«) Der Kurs der Argonauten führte durch das Schwarze Meer nach Kolchis im Kaukasus – das Ziel der deutschen Truppen, die, als Jouhandeau durch das Reich reiste, nach Osten vordrangen – bis nach Stalingrad.

Eine mythische Deutung des eigenen Zwiespalts bietet der Kampf mit Monstren: Herakles, der Nessos, den Kentauren, tötet; Theseus, der Prokrustes, den Riesen, besiegt, oder Bellerophon, der die Chimäre bezwingt. Das Denken, glaubt der Erzähler, kann die eigene Versuchung, das innere Monster überwinden: »réflexion anéantit la Chimère.« Aber gelingt das?

In christlichem Verständnis dagegen erscheint die »Geheime Reise« als Mysterium (»mystification«) oder als Martyrium (»martyre«). Vor allem aber wird sie zu einem Passionsweg verklärt. Auffälligerweise bezeichnet der Erzähler seine leidvolle Leidenschaft nie als »amour«, sondern stets als »passion«, sogar großgeschrieben als »Passion«: als *Passio Christi*.

Die Chiffre »X.« ist in diesem Zusammenhang als griechischer Buchstabe »Chi« zu verstehen, der für den Beinamen »Christos« steht. Damit würde der Erzähler nicht mehr sich selbst, sondern das Objekt seines Begehrens religiös überhöhen. Das lyrische Ich betet »X.« in der Tat an wie einen Gott. Jouhandeau schrieb nicht nur Bekenntnisse im rousseauschen, sondern auch im augustinischen Sinn.

Als christliche Reise ist die *Voyage* durch das ›Dritte Reich‹ dabei nicht nur eine Pilgerfahrt nach Weimar und ein Passionsweg, der nach der *Libération* mit einer öffentlichen Kreuzigung zu enden droht. Sie ist überdies eine Höllenfahrt (»aux Enfers«) und vielleicht auch ein Läuterungspfad, der durch das Fegefeuer (»passer dans le Feu«) ins Paradies führt (»Paradis terrestre«) – und so dem Weg von Dantes *Divina Commedia* entspricht: aus dem *Inferno* durch das *Purgatorio* ins *Paradiso*. Die Flammen dieses Feuers nehmen dabei die Feuerstürme des

Bombenkrieges vorweg, der sich im Tagebuch in einem Luftalarm bereits andeutet.

Die christliche Deutung wird dadurch gestützt, dass die einzigen Vornamen, mit denen *Le Voyage secret* Figuren benennt, einschlägige Assoziationen oder Bedeutungen haben: In »Élise« klingt die Kirche an, *église*; während »Jean« der biblische Johannes wäre, der Täufer oder der Evangelist, so dass man selbst beim rituellen Johannisfeuer an die Apokalypse denken kann, die dieser verkündet hat: »[les] feux de Saint-Jean«.

Zugleich ist die Grenzerfahrung, die *Die geheime Reise* beschreibt, auch ganz unmythisch, unchristlich und diesseitig zu verstehen: nämlich als Drogenerfahrung. »La drogue commence à agir«, heißt es im Text: »Die Droge beginnt zu wirken«. Das Toxische der erotischen Leidenschaft ebenso wie der politischen Parteinahme wird körperlich spürbar. Der Reisende nimmt Aufputschmittel (wenn auch sehr gängige, Alkohol und »café«), die er mit einem Gegenmittel (einem Schlafmittel, »Sérénol«) auszugleichen versucht. Auf den Nationalsozialismus übertragen, bedeutet dies: dass »M. G.« das deutsche Gift eingenommen hat und es dann mit einem Gegengift zu bekämpfen versucht. Der wechselhafte Kampf gegen die Anziehungskraft von »X.« symbolisiert auch die innere Auseinandersetzung mit der eigenen Anfälligkeit für den Faschismus.

Heimkehr

Am Ende kehrt der Reisende nach Hause zurück. Mit seiner Frau, die er in Gedanken betrogen hat, wird er wieder vereint. Er hat die Versuchung überstanden. Die Faszination für »X.« und für das ›Böse‹, das dieser verkörpern soll, scheint vorbei zu sein, ohne dass er ihm tatsächlich verfallen wäre. »Il ne me fascine plus.« (»Er fasziniert mich nicht mehr.«) Für die Geschichte seiner Verstrickung in den Nationalsozialismus hat Marcel Jouhandeau einen geglückten Ausgang entworfen: als poetische Apologie einer letztlich harmlosen Kollaboration.

Aber der Schein trügt. Das vermeintliche *Happy End* eines Bildungsromans ist längst kein glücklicher Abschluss. Die »fernen Folgen dieser Reise«, die er im Tagebuch angedeutet hat, sollten Jouhandeau schon bald einholen. Eine Untergrundzeitschrift der Résistance, *l'Université libre* (vom 16. Dezember 1941), griff die Autoren, die im Oktober 1941 nach Weimar gereist waren, öffentlich an. In der Form eines offenen Briefes werden sie als »ehemalige französische Schriftsteller« angeredet (»anciens écrivains français«). Die Absender beziehen sich auf den deutschen Philosophen Fichte, der 1807 im besetzten Berlin deutsche Autoren vor einer Kollaboration mit den Franzosen gewarnt hatte. Entsprechend werfen sie den französischen Teilnehmern der Deutschlandreise vom Oktober 1941 ihren Verrat vor. Der »Brief« entlarvt die Reise als »Farce«, als »Figuration«, als »Maskerade«

der Nazi-Barbarei. »Goebbels in Weimar ist Mephisto, der in der Rolle des Faust deklamiert.« Herausgeber der Zeitschrift, die heimlich mit der Schreibmaschine hergestellt wurde, waren Georges Politzer, Jacques Solomon und Jacques Decour (Daniel Decourdemanche). Sie wurden 1942 von der französischen Polizei verhaftet, an die Deutschen ausgeliefert und hingerichtet. Jacques Decour war Germanist und Deutschlehrer, Übersetzer und Autor, der seinerseits ein Buch über einen Aufenthalt in Deutschland geschrieben hatte: *Philisterburg* (1932).

Als er sich im Radio an ›Deutsche Hörer‹ wandte, verteidigte Thomas Mann im August 1942 die Idee eines geeinten Europa gegen ihre Vereinnahmung durch die Nazis. Den Schriftstellerkongress in der Nähe des Konzentrationslagers Buchenwald (»als in Weimar gerade der von Goebbels einberufene ›Europäische Schriftsteller-Kongreß‹ tagte«) bezeichnet der Nobelpreisträger als »makabre Farce« – »unter Teilnahme von allerlei Quisling-Schreibern und literarischen Kooperationsknechten«.

Nur Céline gingen die Kollaborateure nicht weit genug. In einem Brief an Pierre Costantini, Herausgeber der rechtsextremen Zeitung *L'Appel*, schrieb der Verfasser der *Reise ans Ende der Nacht* am 4. Dezember 1941: »Hat uns von allen französischen Schriftstellern, die kürzlich aus Deutschland zurückgekehrt sind, ein einziger einige Eindrücke über das Judenproblem in Deutschland 1941 vermittelt? ... Alle haben sie um den heißen Brei herum geredet und gemäkelt. [...] Im Grunde gibt es nur den

Kanzler Hitler, der über die Juden spricht.« (»De tous les écrivains français revenus récemment d'Allemagne, un seul nous a-t-il donné quelques impressions sur le problème juif en Allemagne 1941? ... Ils ont tous ergoté, tergiversé autour du pot. [...] Au fond, il n'y a que le chancelier Hitler pour parler des Juifs.«) Das Problem, das Jouhandeau und seine Begleiter verkörpern, ging über ihren Fall weit hinaus. Und ihre Reise ist dafür das Symbol.

Die Reisenden wurden nach der Befreiung zur Rechenschaft gezogen. Robert Brasillach wurde angeklagt, verurteilt und hingerichtet. Pierre Drieu la Rochelle nahm sich das Leben. Jacques Chardonne stellte man unter Hausarrest. Abel Bonnard entkam ins Exil. Marcel Jouhandeau hingegen wurde vorgeladen und freigelassen. Er kam mit dem Schrecken davon. Aber als er *Le Voyage secret* 1949 drucken ließ, wusste er, was mit seinen Reisegefährten geschehen war.

Reisen ins Reich

Die Reise, das Tagebuch und der poetische Roman von Marcel Jouhandeau (wenn man *Le Voyage secret* so nennen kann) sind keineswegs zeitlos, sondern sie haben ihre historischen, politischen und künstlerischen Zusammenhänge.

Ideologisch stehen sie im Kontext der katholischen und nationalistischen Rechten in Frankreich sowie der internationalen reaktionären Moderne, zusammen mit

Autoren wie Ernst Jünger und Louis-Ferdinand Céline, aber auch Ezra Pound, Gottfried Benn und vielen anderen.

Die Vorstellungen von Deutschland, die in ihnen zum Ausdruck kommen, entsprechen dem Phantasma oder Syndrom einer zeitgenössischen Germanophilie, die politisch verhängnisvoll wurde: Bach, Mozart, Beethoven, Schubert, Goethe, Schiller, Schopenhauer, Nietzsche und Stefan George, die Burgen am Rhein, die Romantik des Schwarzwalds, eine germanische Innerlichkeit werden beschworen, nicht jedoch das Bauhaus, Bertolt Brecht und die liberale Metropole Berlin. Deutschland war für reaktionäre Besucher ein Sehnsuchtsort.

Die Kollaborateure im Herbst 1941 waren bei weitem nicht die einzigen ausländischen Autoren, die Nazi-Deutschland bereisten. Aus sehr verschiedenen Gründen kamen Max Frisch als Reporter, Virginia Woolf als Touristin, John F. Kennedy als Student – und nicht zuletzt Sympathisanten wie Sven Hedin aus Schweden oder Knut Hamsun aus Norwegen. Louis-Ferdinand Céline floh nach der Landung der Alliierten in der Normandie mit der Vichy-Regierung nach Sigmaringen. Seinen Irrweg durch das untergehende Reich schilderte er in einer ebenso paranoiden wie fulminanten Roman-Trilogie: *D'un château l'autre* (1957), *Nord* (1960) und *Rigodon* (1969).

Aus Frankreich kamen schon früh (1933/1934) Jean-Paul Sartre, von dem nur wenige klarsichtige Beobachtungen überliefert sind, und Simone de Beauvoir, die ihn während seines Forschungsaufenthalts in Deutschland besuchte;

oder Albert Camus, bei dem sich ein Aufenthalt im Jahr 1936 in seinem Reisenotizbuch (*Carnets*, 1936), in einem Essay (*L'envers et l'endroit*, 1937) und in einem Romanfragment (*La mort heureuse*, 1938) in düsteren Szenarien niederschlägt.

Marcel Jouhandeau hatte, wie Didier Eribon hervorhebt, einen wichtigen Einfluss auf Jean Genet. Jean-Paul Sartre hat Jouhandeau in *Saint Genet* (1952) als einen »anderen Verworfenen« Genet und dessen Existenzialismus des Außenseiters an die Seite gestellt: »Un autre maudit, Jouhandeau, a fort bien exprimé ce qu'on pourrait nommer la malédiction ontologique«. Noch radikaler allerdings als Jouhandeau hat Genet seine Ästhetik des ›Bösen‹ entwickelt, die nicht nur die Schönheit des Verbrechens feiert, sondern, maximal provokativ, auch die der SS. In *Pompes funèbres* (1948) gibt es sogar eine erotische Vision mit Adolf Hitler. Am Beispiel von Jean Genet beschrieb Susan Sontag die ästhetische und erotische Wirkung des Faschismus auf Menschen, die selbst keine Nazis sind: »Between sadomasochism and fascism there is a natural link.«

Nachdem er das ›Dritte Reich‹ 1937 als Landstreicher durchquert hatte, schilderte Jean Genet diese Erfahrung in seinem *Jounal du voleur* (1949) jedoch als eine ironische Enttäuschung seines Versuchs, sich in Opposition zur französischen Gesellschaft zu inszenieren und dabei auch mit dem Faschismus zu kokettieren: »C'est un peuple de voleurs [...]. Si je vole ici je n'accomplis aucune action singulière et qui puisse me réaliser mieux: j'obéis à l'ordre habituel. Je ne le détruis pas. Je ne commets pas le mal, je ne dérange rien. Le scandale est impossible. Je vole à vide.« (»Dies ist ein Volk von Dieben [...]. Wenn ich hier stehle, vollbringe ich keine besondere Handlung, durch die ich mich auszeichnen könnte: ich gehorche der gewöhnlichen Ordnung. Ich zerstöre sie nicht. Ich begehe nicht das Böse, ich störe nichts. Der Skandal ist unmöglich. Ich stehle ins Leere.«) Als Außenseiter in der Diktatur verging Genet die Freude an der Ästhetik des ›Bösen‹.

Schwule Reisende wie Jean Genet oder Marcel Jouhandeau konnten dem Faschismus mit einer gewissen Ambivalenz begegnen, wenn er sie gefährdete und zugleich faszinierte. Christopher Isherwood, der sich bis Mai 1933 in Deutschland aufhielt, hat diese Ambivalenz in *Goodbye to Berlin* (1939), der Vorlage für das Musical *Cabaret* (1966), subtil pointiert. Sein Protagonist und Ich-Erzähler bekennt sich *nach* der Machtübernahme der Nationalsozialisten zu seiner Homosexualität, als »queer« (»›You *queer*, too, hey?‹« – »›Yes,‹ I said, ›very queer indeed.‹«). Aber auch die Präsenz von SA-Männern im öffentlichen Raum wird mit dem gleichen – doppeldeutigen – Begriff bezeichnet (»One sees some queer sights in the streets nowadays«), so als bestehe zu der männerbündlerischen Truppe Ernst Röhms doch eine unheimliche Nähe.

Auch *Le Voyage secret* ist, nicht zuletzt, ein ›Homotext‹. Eine Liebesgeschichte zwischen Männern unter den Bedingungen der Repression, zwischen einem französischen Schriftsteller und einem deutschen Funktionär in Nazi-Deutschland – das Verhältnis bleibt zwar ›platonisch‹, aber die politische Bedeutung ist umso problematischer. Denn es geht um eine Form erotischer Kollaboration.

Als sich der US-amerikanische Schriftsteller Thomas Wolfe 1936 zum letzten Mal in Deutschland aufhielt, wo seine Romane erfolgreich waren, schilderte er in einer Novelle, »I Have a Thing to Tell You (Nun Will Ich Ihnen 'Was Sagen)« (1937), wie sich nach der Begegnung mit einem Juden während der Ausreise im Zug seine Sympathie unvermutet in Ablehnung verwandelte. Eine solche Abkehr ist bei Marcel Jouhandeau allenfalls in dem Unbehagen und den Zweifeln, die er im Tagebuch festhielt, zu ahnen – und in dem poetischen Verdrängungsaufwand, den er in *Le Voyage secret* betrieben hat.

Geheimes Geständnis

Erotik und Poesie, Mythos und Mystik, Religion und Metaphysik dienen Jouhandeau dazu, seine Reise von 1941 zu verklären. Seine Verfahren sind Ästhetisierung und Pathos, bisweilen auch Kitsch beziehungsweise das, was man später »*Camp*« nennen wird. Die Liebeshandlung lenkt von der Politik ab, Verweise auf Geschichte und Kunstgeschichte führen aus der konkreten Situation hinaus.

Dennoch hat Jouhandeau dafür gesorgt, dass man seine »Geheimschrift« entschlüsseln kann. Sein verdecktes Schreiben folgt einer Dialektik von Verführung und Verdrängung, von Geheimhaltung und Geständnis. Sie ist, paradoxerweise, ein geheimes Geständnis. Jouhandeau verhandelt die Kollaboration, deren Symbol seine Reise ins Land der Besatzer ist, als verheimlichtes Verbrechen, als eine beschämende Schuld, die er leugnet und zugleich anerkennt. *Le Voyage secret* handelt von der Faszination des Faschismus und von der Schwierigkeit, sich ihrer bewusst zu werden.

Am Ende weicht Jouhandeau ins Lateinische aus – und entlässt uns mit einem neuen Rätsel. Das letzte Wort lautet: »*Ineffabile individuum.*« »Das Individuum ist unfassbar.« Ist das naiv oder subversiv? Eine Feier des Einzelnen im Totalitarismus oder diesem zum Trotz?

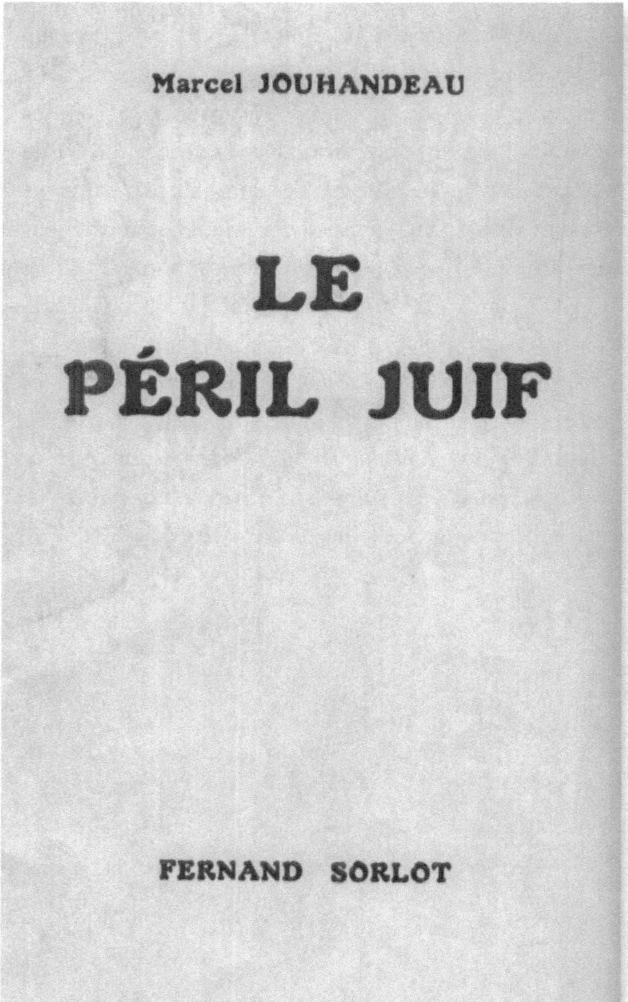
Marcel JOUHANDEAU

LE

PÉRIL JUIF

FERNAND SORLOT

Marcel Jouhandeau, »Le Péril juif« (»Die jüdische Gefahr«) (1937).

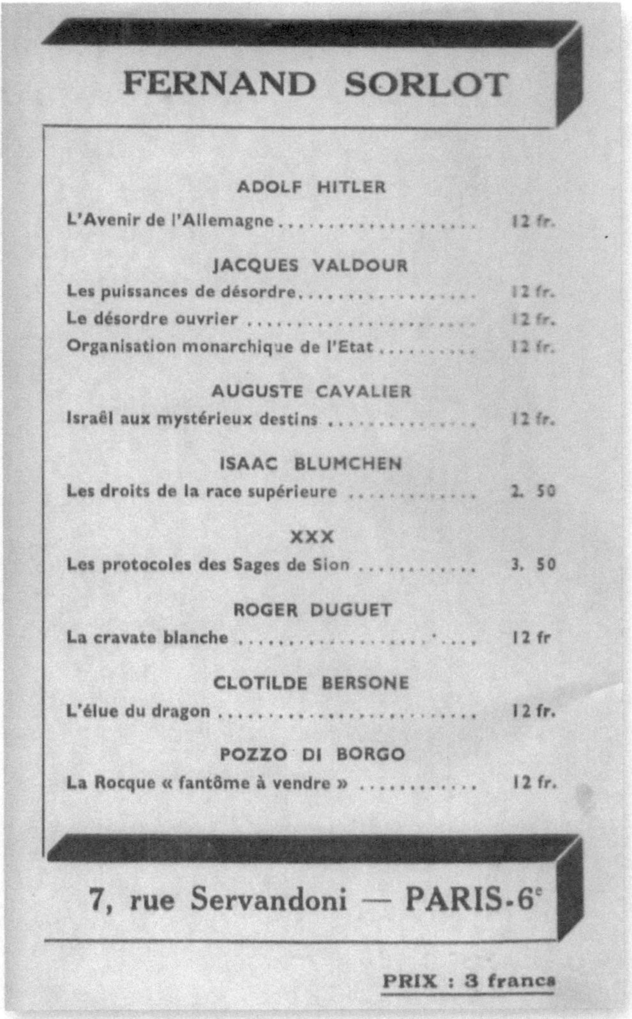

FERNAND SORLOT

ADOLF HITLER

L'Avenir de l'Allemagne .... 12 fr.

JACQUES VALDOUR

Les puissances de désordre.................. 12 fr.

Le désordre ouvrier .... 12 fr.

Organisation monarchique de l'Etat.......... 12 fr.

AUGUSTE CAVALIER

Israël aux mystérieux destins .... 12 fr.

ISAAC BLUMCHEN

Les droits de la race supérieure 2. 50

XXX

Les protocoles des Sages de Sion 3. 50

ROGER DUGUET

La cravate blanche .... 12 fr

CLOTILDE BERSONE

L'élue du dragon .... 12 fr.

POZZO DI BORGO

La Rocque « fantôme à vendre » .... 12 fr.

7, rue Servandoni — PARIS-6e

PRIX : 3 francs

»Le Péril juif«: Verlagswerbung auf der Umschlagrückseite.

Das offizielle Bilderalbum zur Reise der Schriftsteller.

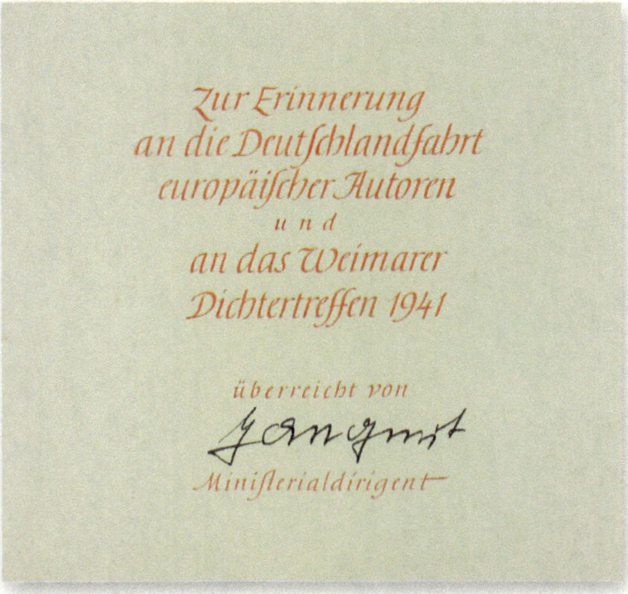

Zur Erinnerung
an die Deutschlandfahrt
europäischer Autoren
und
an das Weimarer
Dichtertreffen 1941

überreicht von

[illegible]

Ministerialdirigent

Portrait des Dichters als Kollaborateur.

Aufbruch in Bonn am 5. Oktober 1941.

Weinprobe im Krieg.

München – Empfang beim Bürgermeister.

Die französischen Teilnehmer: Ramon Fernandez, Jacques Chardonne, Marcel Jouhandeau.

Gruppenbild in der Neuen Reichskanzlei.

Besichtigung der Neuen Reichskanzlei.

Das Nationaltheater in Weimar mit Hakenkreuzflagge.

Das Dichtertreffen in Weimar.

Zum Tee in Tiefurt – Landsitz der Herzogin Anna Amalia.

Propagandaminister vor Literaten.

Festakt in Weimar.

Editorischer Bericht

Die Geschichte eines Geheimnisses

Dies ist die Ausgabe eines abgründigen Textes, der eine schwierige Geschichte hat. Sie geht zurück auf das Jahr 1941, als deutsche Truppen Frankreich besetzt hatten und die Sowjetunion überfielen.

Im Oktober 1941 nimmt Marcel Jouhandeau zusammen mit anderen Autoren an einer Rundreise durch Deutschland teil, die nach Weimar zu einem Schriftstellerkongress führt. Jouhandeau verfasst einen kurzen Bericht, »Témoignage«, der im Dezember 1941 in der *Nouvelle Revue Française* (Nr. 29/334, S. 649–651) erscheint. Seine Aussage ist ganz auf der Linie der Deutschen: »ich sah ein großes Volk am Werk.« (»j'ai vu un grand peuple à l'œuvre.«) Der Artikel ist Teil einer Medienkampagne, zu der auch die anderen französischen Teilnehmer der Reise in der Kollaborationspresse beitragen: Abel Bonnard, Robert Brasillach, Jacques Chardonne, Pierre Drieu la Rochelle, Ramon Fernandez und André Fraigneau. Wenig später wird Jouhandeaus Text in deutscher Übersetzung unter dem Titel »Bekenntnis« in der Sammlung *Phönix oder Asche. Frankreichs geistiges Ringen nach dem Zusammenbruch* von Bernhard Payr herausgegeben (Dortmund: Volkschaft-Verlag 1942, zweite verbesserte Auflage 1943, S. 387–389).

Sein ausführliches Tagebuch von der Reise jedoch hat Jouhandeau nicht veröffentlicht. Es liegt heute im Institut mémoires de l'édition contemporaine (IMEC) in der Abbaye d'Ardenne in Saint-Germain-la-Blanche-Herbe bei Caen in der Normandie (Signatur: 33 PLH / 55 / 3, Fonds Jean Paulhan). Das Manuskript besteht aus losen Blättern, teilweise doppelseitig und gefaltet, in einem schwarzen Einband, auf den ein Blatt mit dem handgeschriebenen Titel aufgeklebt ist: *Souvenirs d'Allemagne (carnets de voyage) – M. Jouhandeau*. Auf dem hinteren Umschlag befindet sich innen eine farbige Karte des Eisenbahnnetzes von Frankreich. Als loses Blatt ist die kolorierte Zeichnung einer deutschen Altstadt eingelegt. Der Text hat 149 numerierte Seiten, die in gut lesbarer Reinschrift beschrieben sind. Die gelegentlichen Streichungen und Korrekturen häufen sich auf Seite 80, wo Jouhandeau die verstörende Begegnung mit einem Juden schildert, der den gelben Stern trägt.

Auf der letzten Seite hat der Verfasser unter seinem Text eine Widmung an die Mäzenin Florence Gould eingetragen, in deren Pariser Salon er während des Krieges zu Gast war: »Pour Florence qui me permet d'espérer contre toute espérance et m'a fait gagner ce printemps, sans trop m'apercevoir de l'hiver – Marcel, 25 Mars 1942 (Annonciation)« (»Für Florence, die mir gegen alle Hoffnung zu hoffen erlaubt und mich, ohne dass ich den Winter zu sehr gespürt hätte, diesen Frühling erreichen ließ – Marcel, 25. März 1942 (Mariä Verkündigung)«). (Ein Vermerk des Archivs gibt an, dass Florence Gould das Tagebuch, das Marcel Jouhandeau ihr überreichte, später mit seinem

Einverständnis an seinen Freund Jean Paulhan weitergab, weshalb es im IMEC heute im »Fonds Jean Paulhan« aufbewahrt wird.)

Als Anhang enthält das Konvolut ein weiteres, kleineres Journal von 17 Seiten mit der Überschrift *Carnet 9–10–11 Juin*. Es besteht aus einer moralischen Selbstbefragung, die mit den Worten beginnt: »que l'intervalle qui sépare l'honneur du déshonneur, la paix la plus tranquille de l'angoisse la plus mortelle est court!« (»wie kurz ist der Abstand zwischen Ehre und Schande, zwischen dem ruhigsten Frieden und der tödlichsten Angst!«)

Eine mit der Schreibmaschine angefertigte Abschrift des Reisetagebuches liegt in der Bibliothèque littéraire Jacques Doucet am Panthéon in Paris (Signatur: MS 32 193). Sie wurde nur mit dem generischen Titel *Carnet de Voyage* versehen – *Reisenotizbuch*. Das Dokument gelangte an das Archiv als Schenkung der Frau von Gerhard Heller, dem deutschen Betreuer der französischen Reisenden, dem Jouhandeau es anvertraut hatte. (Der Katalog enhält den Vermerk: »Don Mme Gerhard Heller«.) Das Typoskript hat 74 numerierte Seiten. Die Einträge beginnen am 3. Oktober, dem Tag vor der Abreise, und enden am 26. Oktober 1941 (»Dimanche. Weimar.«), dem Tag vor der Rückreise. Der maschinengeschriebene Text wurde mit handschriftlichen Streichungen und Korrekturen bearbeitet.

Diese Typoskriptfassung letzter Hand wird hier in deutscher Übersetzung erstmals veröffentlicht. Die handschriftlichen Korrekturen wurden dabei berücksichtigt, das heißt Streichungen, Hinzufügungen, Änderungen und Umstellungen sind umgesetzt. Eindeutige Schreibfehler werden emendiert und entsprechend im Anhang dieses Editorischen Berichts verzeichnet. Die formale Darstellung (Leerzeichen, Leerzeilen, Anführungszeichen, Ligaturen, Zahlen, graphische Elemente, Schreibung von Zahlen und Uhrzeiten) wird vereinheitlicht.

Im Tagebuch nennt Jouhandeau Orte und Personen mit Klarnamen (Frankfurt, München, Wien, Berlin, Weimar; Baldur von Schirach, Goebbels, Drieu etc.). Andere Namen kürzt er ab (Ch., F., H.), Gerhard Heller heißt durchweg nur »X.«

Auf der Grundlage seines literarischen Reisetagebuches verfasste Jouhandeau den poetischen Roman *Le Voyage secret*. Einige Passagen hat er wörtlich oder leicht bearbeitet übernommen, den Text aber insgesamt neu gestaltet. Vor allem hat er die Idee der Abkürzungen zur allgemeinen Verrätselung konsequent weitergeführt.

Jouhandeau brachte *Le Voyage secret* nach dem Krieg, 1949 in Paris, in einer »Édition confidentielle« heraus, gedruckt bei Grou-Radenez, und zwar, wie der Druckvermerk angibt (S. 141), ausgerechnet am 9. Mai 1949, zum Jahrestag des Kriegsendes. Diese private Erstausgabe hatte lediglich 110 Exemplare, allerdings, wie das Kolophon eingangs erklärt (S. 8), in mehreren elegant inszenierten Ausstattungsvarianten, die dem Text Prestige verleihen, ihn ästhetisieren und exotisieren: »Vélin de Hollande«, »Madagascar«, »Japon Impérial«. Die Autorschaft ist anonymisiert und verschlüsselt – und damit entschlüsselbar, da sie auf ein anderes Werk von Jouhandeau verweist, »par l'auteur de L'ABJECTION«, das 1939 bei Gallimard zwar ebenfalls anonym erschienen war (»*De l'Abjection par* ***«), allerdings eher ein offenes als ein wirkliches Geheimnis darstellte. Ein Exemplar von *Le Voyage secret* für die Bibliothèque nationale de France in Paris hat Jouhandeau bereits wenige Jahre später dann auch »mit Vergnügen« signiert und damit seine Anonymität an dieser Stelle zumindest teilöffentlich aufgehoben: »Pour la Bibliothèque Nationale je suis heureux de signer ce livre – Marcel Jouhandeau – 17 nov. 55« (»Mit Vergnügen signiere ich dieses Buch für die Nationalbibliothek – Marcel Jouhandeau – 17. November 1955«) (Signatur: Réserve 16 Ln 27 85867).

Namentlich publiziert wurde *Le Voyage secret* dennoch erst postum, 1988 bei Arléa in Paris. (Ein Herausgeber wird dabei nicht genannt.) Diese allgemein verfügbare Ausgabe, in der das Werk eigentlich erst öffentlich wurde, liegt nun der deutschen Übersetzung zugrunde. Sie unterscheidet sich von der privaten Erstausgabe von 1949 in formalen Details wie dem Satzspiegel (mit nur noch 105 statt zuvor 140 Seiten), Umbrüchen, Absätzen und der Umsetzung der Angabe von Uhrzeiten (»onze heures dix« statt »11 h. 10«) oder Namen (»Sérénol« statt »sérénol«). Im selben Jahr erschien der Text ebenfalls bei Arléa zusammen mit zwei weiteren in einem Band mit dem Titel *Écrits secrets* (S. 7–54).

Beschönigung und Bereinigung

Wie sehr die ominöse Reise und Jouhandeaus Aufzeichnungen der Gegenstand von Gerüchten, aber auch von Befürchtungen waren, geht aus dem Tagebuch des Literaturkritikers Matthieu Galey hervor, der mit Jouhandeau und anderen Autoren der ›literarischen Rechten‹ vertraut war. Mit Jouhandeau selbst sowie mit Jacques Chardonne spricht Galey wiederholt über »leur fameux voyage en Allemagne« (»ihre berühmte Reise nach Deutschland«) (23. April 1959), »le fameux voyage de 41« (»die berühmte Reise von 41«) (30. Juli 1961), »ce voyage en Allemagne« (»diese Reise nach Deutschland«) (13. März 1959), »l'Allemagne, où il fit un mémorable voyage en 1941« (»Deutschland, wo er 1941 eine denkwürdige Reise machte«), »son voyage en Allemagne (encore)« (»seine Reise in Deutschland (noch einmal)«) (7. August 1959).

Dass Jouhandeau seine Aufzeichnungen veröffentlichte, wollte Chardonne im eigenen Interesse verhindern. Als Galey diese Möglichkeit anspricht, wird er wütend: »als ich ihm sage, dass Jouhandeau es sehr bedauert, seine Reisetagebücher aus Deutschland nicht veröffentlicht zu haben, regt er sich auf« (»il s'anime quand je lui dis que Jouhandeau regrette beaucoup de n'avoir pas publié ses carnets de voyage en Allemagne«). Der damalige Mitreisende will seinem Kollegen eine Publikation regelrecht »verboten« haben, weil auch seine eigene Kollaboration dadurch erneut öffentlich werden würde und er sich dafür abermals rechtfertigen müsste: »›Ach! nein, das würde er mir nicht antun! Ich habe ihm das schon einmal untersagt. Er würde mit seinen Bettgeschichten alles beschmutzen, ich will den Zweck dieser Reise nicht von neuem erklären müssen, der darin bestand, gefangene Schriftsteller freizubekommen.‹« (»›Ah! non, il ne me ferait pas ça! Je le lui ai déjà interdit une fois. Il salirait tout avec ses histoires de lit, je ne veux pas être obligé d'expliquer à nouveau le but de ce voyage, qui était de faire libérer les écrivains prisonniers.‹«) (30. Juli 1961).

So blieb das Tagebuch geheim, und *Le Voyage secret* blieb anonym. Als noch zu Lebzeiten des Autors eine fünfbändige deutsche Ausgabe seiner *Gesammelten Werke* bei Rowohlt erscheint (1964–1977), kommt *Le Voyage secret* darin nicht vor. In den fünf Nachworten des Herausgebers, Friedhelm Kemp, wird der Text auf insgesamt fast 50 Seiten ebenso wenig erwähnt wie das Tagebuch von 1941, wie die Reise nach Weimar, wie Jouhandeaus Kollaboration und sein Antisemitismus.

Bevor *Le Voyage secret* 1988 endlich unter dem Namen seines Autors erschien, wurde auch das *Carnet* der Reise postum publiziert, und zwar als Teil von Jouhandeaus *Tagebuch unter der Besatzung*, dem *Journal sous l'Occupation* (in: *Journal sous l'Occupation, suivi de La Courbe de nos angoisses*, Paris: Gallimard 1980, S. 7–261, hier: S. 79–124). Allerdings wurde der Text bearbeitet und bereinigt, so dass er nicht wirklich als Ausgabe des in den Archiven erhaltenen Originaltagebuchs gelten kann, wie die Paratexte es eigentlich nahelegen. Der Klappentext bei Gallimard gibt an, der Text sei »bislang« unpubliziert geblieben (»resté inédit jusqu'à aujourd'hui«), so als handele es sich tatsächlich um eine Edition der Aufzeichnungen von 1941. In einer Vorbemerkung behauptet der Autor, er gebe den Text mitsamt seinen »Irrtümern« heraus (»de publier ces pages où j'ai consigné au cours d'une époque néfaste la courbe de mes angoisses, de mes amours et de mes erreurs«), so als hätte er keinerlei Eingriffe vorgenommen und präsentiere ein authentisches Dokument. Ohne Eingriffe publiziert wird das Tagebuch zum ersten Mal hier.

Anspielungen

Um die Form der literarischen Texte nicht einzuebnen und ihre Bedeutung als historische Zeugnisse nicht zu verändern, wurden *Le Voyage secret* und das *Carnet* möglichst wortgetreu übersetzt. Auf Kommentare in Form von Anmerkungen zum Text wurde verzichtet, damit die Lektüre für sich nach wie vor den Eindruck poetischer Rätselhaftigkeit beziehungsweise historischer Unmittelbarkeit hervorrufen kann. Dabei ist vieles an Jouhandeaus Texten durchaus erklärungsbedürftig.

Le Voyage secret ist durchsetzt mit gelehrten Anspielungen und Verweisen, die das Geschehen auf eine andere Ebene übertragen. Sie waren im Tagebuch nicht angelegt und geben dem Roman eine zusätzliche Dimension, deren Deutung nur für ›Eingeweihte‹ möglich ist. Die Bezugsfelder sind die jüdisch-christliche Religion, die griechische Philosophie und die italienische Kunst der Renaissance: Eloah (der jüdische Gottesname), Gehenna (das Tal bei Jerusalem, wo man dem Moloch Opfer darbrachte) und Cherubim (Engel); Sokrates und Platon (die für einen erkenntnistheoretischen Idealismus und zugleich für eine gleichgeschlechtliche Erotik vereinnahmt werden); der Maler Lorenzo Lotto und der Mäzen Lorenzo de' Medici (die Figuren des Künstlers und des Politikers, zwischen denen sich Jouhandeau 1941 auf seine Weise bewegte). Lateinisch zitiert der Text Thomas von Aquin (»latens deitas«, »verborgene Gottheit«) und Aristoteles (»Ineffabile individuum«, »Unfassbares Individuum«). Hinzu kommen seltene Begriffe wie »Farandole« und »Sarabande« (zwei Tänze) oder »Serenol« (ein Schlafmittel) und sogar regionalsprachliche Ausdrücke, die unübersetzt bleiben: *»gnadre, coucher à la barre, le nialou«*.

Vor allem die Bezüge auf Mythologie und Geschichte des griechisch-römischen Altertums sind als Anspielungen auf die Erotik und die Politik der Reise zu verstehen: Adonis ist das Sinnbild männlicher Schönheit, der von Aphrodite geliebt und von einem Eber getötet wurde; Hylas wurde während der Argonautenfahrt von Quellnymphen ins Wasser hinabgezogen; Herakles, der ihn auf die Fahrt mitgenommen hatte, wird durch das Gewand mit dem vergifteten Blut des Kentauren Nessos zugrunde gehen, nachdem er diesen bezwungen hat; der

Unhold Prokrustes folterte Wanderer in seinem Bett zu Tode, ehe Theseus ihn tötete; der Heros Bellerophon besiegte die landverwüstende Chimäre und ritt auf dem geflügelten Pegasos; Hekate, die dreigesichtige Göttin, galt als Hüterin dreifacher Weggabelungen; Regulus, der römische Feldherr, geriet in Karthago in Gefangenschaft und wurde dort qualvoll hingerichtet, nachdem er auf einer Verhandlungsreise zurück in die Hauptstadt des Imperiums Verrat geübt hatte.

Im *Carnet* wiederum werden einige Orte und Objekte nur ungefähr aufgerufen. Wenn er die »Grabstätte« Karls des Großen erwähnt, bezieht sich Jouhandeau offenbar auf den Aachener Dom. Wenn er von einem »Fledermaus-Cembalo« im Frankfurter Goethe-Haus spricht, meint er den »Pyramidenflügel« (dessen Resonanzkörper mit den Saiten senkrecht steht und nach zwei Seiten aufzuklappen ist). Die »Fürsten«, die in Frankfurt über eine Wasserpumpe verfügten, sind wohl jene von Thurn und Taxis. In München war im Haus der Kunst die »Große Deutsche Kunstausstellung« zu sehen. Und der »Kaiserpalast« in Wien ist die Hofburg. Auch das Tagebuch ist keine journalistische Dokumentation, sondern seinerseits bereits poetisiert.

Zum Personal des Textes gehören mehrere deutsche Literaturfunktionäre: Gerhard Heller (der literarische Zensor im besetzten Paris), Johannes Schlecht (Oberregierungsrat im Propagandaministerium), Paul Hövel (ebenfalls Oberregierungsrat im Propagandaministerium,

NSDAP-Mitglied seit 1931), Wilhelm Haegert (Organisator im Propagandaministerium, bereits 1929 in der NSDAP), Otto Henning (Leiter des »Vortragsamtes in der Reichsschrifttumsstelle beim Reichsministerium für Volksaufklärung und Propaganda«), Wilhelm Ruoff (Regierungsrat und Abteilungsleiter für Buchpropaganda Ausland der Reichsschrifttumskammer), Hans Teske (Professor für niederdeutsche Philologie in Hamburg) und Karl-Ulrich von Hutten (als Dolmetscher).

Hinzu kommen deutsche Autoren, die zum Teil ihrerseits politische Ämter innehaben: Carl Rothe (der Generalsekretär der Europäischen Schriftsteller-Vereinigung wird), Hanns Johst (Verfasser des NS-Dramas *Schlageter*, Präsident der Reichsschrifttumskammer), Hans Baumann (Verfasser von Liedern für die Hitlerjugend, »Es zittern die morschen Knochen ...«), Hermann Burte (völkischer Mundartdichter), Moritz Jahn (Dialektlyriker), Wilhelm Schäfer (Verfasser völkischer Dramen und Bauerngeschichten), Börries von Münchhausen (neuromantischer Lyriker, Antisemit) und Joachim von der Goltz (Kriegslyriker, Kinderbuchautor und Übersetzer).

Zusammen mit den sieben Franzosen nahmen zahlreiche weitere internationale Autoren am Schriftsteller-Kongress teil, insgesamt rund 50 aus 14 Ländern. Jouhandeau erwähnt Arvi Kivimaa aus Finnland, John Knittel aus der Schweiz, offenbar József Nyírő aus Ungarn und Fani Popowa-Mutafowa aus Bulgarien sowie Arturo Farinelli (Professor für Literatur) und Alfredo Acito (Dozent für

Faschismus) aus Italien. Darüber hinaus nennt er Teilnehmer aus Kroatien, Flandern und Spanien.

Die Gesprächspartner, die Jouhandeau so einfühlsam als sympathisch und harmlos beschreibt, sind Vertreter oder Sympathisanten des Nationalsozialismus.

Eingehend hat François Dufay die Geschichte der »Herbstreise« der französischen Schriftsteller nachgezeichnet (*Le voyage d'automne*, 2000). Das gründlich dokumentierte Standardwerk zur Europäischen Schriftstellervereinigung, die in Weimar gegründet wurde, mit Informationen zu allen Beteiligten, stammt von Frank-Rutger Hausmann (*»Dichte, Dichter, tage nicht!«*, 2004).

Emendationen

Marcel Jouhandeaus Reisetagebuch wurde für die vorliegende Ausgabe nach dem Typoskript in Paris, dem *Carnet de voyage*, transkribiert. Nur der Titel, *Souvenirs d'Allemagne*, wurde aus dem Manuskript in Caen hinzugefügt. Wo im Original deutsche Wörter stehen, werden sie kursiv wiedergegeben. Die handschriftlichen Korrekturen sind umgesetzt. Offensichtliche Fehler werden berichtigt und im Folgenden als Emendationen verzeichnet.

6 octobre – Bingen

- Stefan Georg → Stefan George
- Boticelli → Botticelli

- amères, tristes douloureuses
  → amères, tristes, douloureuses

7 octobre – Francfort

- efforescence → efflorescence
- X → X.

8 octobre, mercredi, Francfort

- Hoch heim → Hochheim
- Nietszche → Nietzsche
- Moritz Jane → Moritz Jahn
- Je dis à X. → Je dis à X.:
- Rodchild → Rothschild
- me semblent si inutiles, si oiseuses
  → me semblent si inutiles, si oiseuses.
- accomodation → accommodation
- qu'enveloppe toutes … → qu'enveloppent toutes …

9 octobre, jeudi, Heidelberg

- qui est la patrie de ma mère.
  → qui est la patrie de ma mère.«
- X → X.
- e croit → et croit

12 octobre – Fribourg

- avec H. B. C. R. et X. → avec H. B., C. R. et X.
- Wilhem Schäfer → Wilhelm Schäfer
- Oh! presque rien → »Oh! presque rien

- Oh! me dit-il → »Oh! me dit-il
- primo secundo, tertio → primo, secundo, tertio
- St Ambroise → St. Ambroise
- von Hütten → von Hutten
- L'Eglise en effet, prétend-il ne peut
  → L'Eglise en effet, prétend-il, ne peut
- 1°/ la catholicité → »1°/ la catholicité
- von Hütten → von Hutten

Le 13 octobre de Fribourg à Lindau

- Meerbourg → Meersburg
- je ne connaîtrais ni X., ni B., ni R. mais
  → je ne connaîtrais ni X., ni B., ni R., mais
- Que non pas!« → »Que non pas!«

Mardi 14, Mercredi 15. Munich

- l'Hôtel Bayerischer → l'Hôtel Bayerischer Hof
- Hanns Josht → Hanns Johst (zweimal)
- bouleversée. → bouleversée.«
- qui n'est pas le non ni le juste
  → qui n'est pas le bon ni le juste
- Hindenbourg → Hindenburg
- von Hütten → von Hutten

Jeudi 16, Munich, Salzbourg

- Bagerischerhof → Bayerischerhof
- emmitoufflés → emmitouflés
- A. X.; plus tard: → A X.; plus tard:

Salzbourg

- où j'aimerais vivre. → où j'aimerais vivre.«
- Shopenhauer → Schopenhauer

17 octobre – Vienne

- L'Oberburgmeister → L'Oberbürgermeister [?]
- En Allemagne on chante
  → »En Allemagne on chante
- Maintenant j'ai compris → »Maintenant j'ai compris

Samedi 18 – Vienne

- Un battement de cœur → »Un battement de cœur
- Klosternenburg → Klosterneuburg
- Reichleiter → Reichsleiter
- M. J., il me fait plaisir → »M. J., il me fait plaisir

Lundi. Vienne [20 octobre]

- j'ai le temps de lire avec F. et Ch., Mais je préfère
  → j'ai le temps de lire avec F. et Ch., mais je préfère
- St Etienne → St. Etienne
- Elisabth → Elisabeth
- A vrai dire → »A vrai dire
- tous veillaient → tous veillaient.
- N'avez-vous pas remarqué → »N'avez-vous pas remarqué
- national socialisme → national-socialisme
- Mais vous ne savez pas → »Mais vous ne savez pas
- Pourquoi ce palais orgueilleux
  → »Pourquoi ce palais orgueilleux

Jeudi. Départ pour Weimar [23 octobre]

- (un pneu a éclaté) → (un pneu a éclaté).
- Je tâche seulement de me faire admettre avec mes lacunes et mon excédent de bagages.quin'ignore de soi presque rien sait ce que c'est pour les autres que de le supporter et pour lui-même de se tenir debout. → Je tâche seulement de me faire admettre avec mes lacunes et mon excédent de bagages, qui n'ignore de soi presque rien sait ce que c'est pour les autres que de le supporter et pour lui-même de se tenir debout.

Vendredi – Weimar [24 octobre]

- Un e dame → Une dame
- plus que ce soir. → plus que ce soir.«

Dimanche – Weimar [26 octobre]

- Nietztche → Nietzsche
- Elephant → Eléphant
- bpuclier de cristal → bouclier de cristal
- Häggert → Haegert
- Ruof → Ruoff

Die Syntax wird so genau wie möglich bewahrt. Das gilt für Tempus- und Perspektivwechsel sowie für scheinbar fehlende Artikel oder Prädikate ebenso wie für eine unkonventionelle Interpunktion, etwa Kleinschreibung nach Fragezeichen mitten im Satz. Wo der Text bewusstseinsstromartig, halluzinativ oder fragmentarisch ist und teilweise uneben, roh oder sperrig wirkt, wurde er im Deutschen bewusst nicht geglättet. Auch ein einzelner elliptischer – und enigmatischer – Satz, wie er für Jouhandeaus Stil charakteristisch ist, bleibt daher als solcher stehen: »qu'une certaine pureté ardente nous change en étoile.« (»dass eine gewisse feurige Reinheit uns in einen Stern verwandelt.«) (S. 53 im Typoskript.)

Nicht emendiert wird eine eigentümliche Abweichung des Typoskripts (*Carnet*, S. 47) sowohl vom Manuskript (*Souvenirs d'Allemagne*, S. 92) wie auch von den Drucken von *Le Voyage secret* (1949, S. 46; 1988, S. 36), da nämlich nur hier, im Typoskript, »images«, Bilder, im Text steht, anstelle von »mages«, Magier, wie das Wort in der Handschrift durch Streichung des ersten Buchstabens korrigiert worden war und entsprechend in den Druckfassungen beibehalten wurde. Im *Carnet* heißt es: »ainsi la présence de certaines images permet-elle au merveilleux de se glisser par intervalles dans la trame vulgaire de la réalité« (»so erlaubt das Vorhandensein bestimmter Bilder …«). In *Le Voyage secret* dagegen – und entsprechend in *Souvenirs d'Allemagne* – steht: »ainsi la présence de certains mages permet au merveilleux de se glisser par intervalles à la manière de stries dans la trame vulgaire de la réalité« (»so erlaubt die Gegenwart gewisser Magier …«). Jouhandeau variiert zwischen Ästhetik und Metaphysik. Zur Metapher fehlt der Magie nur ein Buchstabe.

»Sonderführer« Gerhard Heller und französische Autoren (neben ihm Drieu la Rochelle) bei der Rückkehr am Gare de l'Est in Paris.

Literaturverzeichnis

Marcel Jouhandeau

»Comment je suis devenu antisémite«, in: *L'Action française*, 8. Oktober 1936, S. 3–4.

»›Vous prendrez possession du pays …‹«, in: *Je suis partout*, 30. Juli 1937, S. 8.

Le Péril juif, Paris: Sorlot [1937].

Le Péril juif (mit einem angeblichen Vorwort von Marcel Jouhandeau aus dem Jahr 1972, »Ultima verba«), Paris: Soulmentault 1985; Édition Notre Combat online: https://cupdf.com/document/le-peril-juif.html?page=1 (13. Mai 2022).

*De l'Abjection. Par ****, Paris: Gallimard 1939.

Souvenirs d'Allemagne, 1941, Manuskript, 149 Seiten, Institut mémoires de l'édition contemporaine (IMEC), Abbaye d'Ardenne, Saint-Germain-la-Blanche-Herbe, Caen, Signatur: 33 PLH/55/3, Fonds Jean Paulhan.

Carnet de Voyage, 1941, Typoskript mit Korrekturen von Hand, 74 Seiten, Bibliothèque littéraire Jacques Doucet, Paris, Signatur: MS 32 193.

»Témoignage«, in: *Nouvelle Revue Française* 29:334, Dezember 1941, S. 649–651.

»Bekenntnis«, in: *Phönix oder Asche. Frankreichs geistiges Ringen nach dem Zusammenbruch*, herausgegeben von Bernhard Payr, Dortmund: Volkschaft-Verlag 1942, 2. verbesserte Auflage: 1943, S. 387–389.

Journal sous l'Occupation, in: *Journal sous l'Occupation, suivi de La Courbe de nos angoisses*, Paris: Gallimard 1980, S. 7–261, hier: S. 77–124 (1941).

Le Voyage secret, par l'auteur de L'ABJECTION, Paris [Selbstverlag] 1949. (Von Marcel Jouhandeau signiertes Exemplar in der

Bibliothèque nationale de France, Paris, Signatur: Réserve 16 Ln 27 85867.)

Le Voyage secret, Paris: Arléa 1988.

Écrits secrets, Paris: Arléa 1988, S. 7–54 (*Le Voyage secret*).

Un second soleil. Journaliers XIX, février-septembre 1965, Paris: Gallimard 1973, hier: S. 103 (über Gerhard Heller), S. 16–17 (über ein Photo aus einem Konzentrationslager).

Walter Benjamin, Übersetzungen, in: *Gesammelte Schriften*, herausgegeben von Rolf Tiedemann und Hermann Schweppenhäuser, Supplement I, herausgegeben von Rolf Tiedemann, Frankfurt: Suhrkamp 1999, S. 303–417 (Anmerkungen: S. 454–457):

— »Fräulein Zéline oder Gottes Glück zum Gebrauch eines alten Fräuleins« (*Neue Französische Erzähler*, 1930), S. 303–315.

— »Der Dorfbräutigam« (*Europäische Revue*, 1931), S. 389–417.

— »Die Schäferin ›Nanou‹« (*Die literarische Welt*, 1932), S. 357–363.

— »Prudence Hautechaume oder die Mannequins der Diebin«, S. 316–335.

— »Léda«, S. 336–356.

— »Das Château de la Folie«, S. 364–388.

— *Pariser Tagebuch*, in: *Gesammelte Schriften*, herausgegeben von Rolf Tiedemann und Hermann Schweppenhäuser, Band IV. 1, herausgegeben von Tillman Rexroth, Frankfurt: Suhrkamp 1981 [1972], S. 567–587, hier: S. 570–572 (9. Januar 1930).

Gesammelte Werke in Einzelausgaben, herausgegeben von Friedhelm Kemp, 5 Bände, Reinbek: Rowohlt 1964–1977.

Marcel Jouhandeau und Jean Paulhan, *Correspondance 1921–1968*, herausgegeben von Jacques Roussilat, Paris: Gallimard 2012, insbesondere: S. 476 (Gerhard Heller), S. 477 (Einladung zur Reise), S. 482 (Reise), S. 484 (Reisebericht), S. 557ff. (Befreiung von Paris, schwarze Liste).

Michel Leiris und Marcel Jouhandeau, *Correspondance 1923–1977*, herausgegeben von Denis Hollier und Louis Yvert, Paris: Gallimard 2021.

Weitere Primärquellen

»Hier matin, sont arrivés à la gare de l'Est, revenant d'Allemagne, des écrivains français qui ont assisté au congrès des grands romanciers européens«, in: *Paris-soir*, 3. November 1941, S. 1.

»L'Allemagne vue par des écrivains français«, in: *Paris-soir*, 7. November 1941, S. 1, 3.

Marc Augier (Saint-Loup), *J'ai vu l'Allemagne. Printemps 1941*, Paris: Fernand Sorlot [1941].

Simone de Beauvoir, *La force de l'âge*, Paris: Gallimard 1960, S. 162–205.

Karen Blixen, »Breve fra et Land i Krig«, in: *Heretica* 1:4 (1948), S. 264–287; 1:5 (1948), S. 332–355.

— »Briefe aus einem Land im Krieg«, übersetzt von Hans Christian Hjort, in: *Mottos meines Lebens. Betrachtungen aus drei Jahrzehnten*, übersetzt von Sigrid Daub, Walter Boehlich, Hanns Grössel und Hans Christian Hjort, Reinbek: Rowohlt 1993, S. 105–148.

Georges Blond, »Les repos de Weimar. Choses vues au Congrès des Écrivains d'Europe«, in: *Je suis partout,* 23. Oktober 1942, S. 1, 8.

Abel Bonnard, »Impressions d'Allemagne«, in: *L'Émancipation nationale*, 26. Dezember 1941, S. 8.

— »Pensées dans l'Action«, in: Bernhard Payr (Herausgeber), *Phönix oder Asche. Frankreichs geistiges Ringen nach dem Zusammenbruch*, Dortmund: Volkschaft-Verlag 1942, 2. verbesserte Auflage: 1943, S. 116–117.

— »Eine kosmische Vision«, in: Bernhard Payr (Herausgeber), *Phönix oder Asche. Frankreichs geistiges Ringen nach dem Zusammenbruch*, Dortmund: Volkschaft-Verlag 1942, 2. verbesserte Auflage: 1943, S. 411–412.

Robert Brasillach, *Les sept couleurs*, Paris: Plon 1939.

— »›J'ai parlé à Berlin aux ouvriers français‹«, »Avec les ouvriers français du foyer de Berlin«, in: *Le Petit Parisien*, 4. November 1941, S. 1, 2.

— »Le congrès de Weimar«, in: *Le Petit Parisien*, 5. November 1941, S. 2.

— »L'art et les artistes du IIIe Reich«, in: *Le Petit Parisien*, 7. November 1941, S. 2.

— »De la cité de Gœthe au nouvel ›axe‹ de Berlin«, in: *Je suis partout*, 8. November 1941, S. 1, 10.

— »Die Weimarer Tagung«, in: Bernhard Payr (Herausgeber), *Phönix oder Asche. Frankreichs geistiges Ringen nach dem Zusammenbruch*, Dortmund: Volkschaft-Verlag 1942, 2. verbesserte Auflage: 1943, S. 384–387.

— »Notre Avant-Guerre«, in: Bernhard Payr (Herausgeber), *Phönix oder Asche. Frankreichs geistiges Ringen nach dem Zusammenbruch*, Dortmund: Volkschaft-Verlag 1942, 2. verbesserte Auflage: 1943, S. 84–95.

Albert Camus, *Carnets I. Mai 1935–Février 1942*, Paris: Gallimard 1962, S. 55–56.

— *L'envers et l'endroit*, Algier: Charlot 1937, S. 45–47.

— *La mort heureuse* (1938), herausgegeben von Jean Sarocchi, Paris: Gallimard 1971, S. 113–122.

Louis-Ferdinand Céline, Brief an Pierre Costantini (*L'Appel*) vom 4. Dezember 1941, in: *Lettres*, herausgegeben von Henri Godard und Jean-Paul Louis, Paris: Gallimard (Bibliothèque de la Pléiade) 2009, S. 665–666 (Anmerkungen: S. 1760–1761).

— *Mea Culpa*, Paris: Denoël 1936.

— *Bagatelles pour un massacre*, Paris: Denoël 1937.

— *L'école des cadavres*, Paris: Denoël 1938.

— *Les Beaux Draps*, Paris: Nouvelles Éditions Françaises 1941.

— *D'un château l'autre*, Paris: Gallimard 1957.

— *Nord*, Paris: Gallimard 1960.

— *Rigodon*, Paris: Gallimard 1969.

Jacques Chardonne (Jacques Boutelleau), »Voir l'Allemagne«, in: *La Gerbe*, 13. November 1941, S. 1.

— »Über die deutsch-französischen Beziehungen«, in: Bernhard Payr (Herausgeber), *Phönix oder Asche. Frankreichs geistiges Ringen*

nach dem Zusammenbruch, Dortmund: Volkschaft-Verlag 1942, 2. verbesserte Auflage: 1943, S. 382–384.
— *Le Ciel de Nieflheim*, Paris [Eigenverlag] 1943.
— *Le Ciel de Nieflheim*, Bukarest [ohne Verlagsangabe] 1991.
Alphonse de Châteaubriant, *La gerbe des forces (Nouvelle Allemagne)*, Paris: Bernard Grasset 1937.
Jacques Decour, *Philisterburg*, Paris: Gallimard 1932.
[Jacques Decour, Georges Politzer und Jacques Solomon,] »Lettre à MM. Bonnard, Fernandez, Chardonne, Brasillach, etc ... anciens écrivains français«, in: *l'Université libre* 40, 16. Dezember 1941, S. 3.
Pierre Drieu la Rochelle, »L'Allemagne européenne«, in: *Nouvelle Revue Française* 30:335, Januar 1942, S. 104–112.
— *Journal 1939–1945*, herausgegeben von Julien Hervier, Paris: Gallimard 1992, S. 276–277.
Dominique Fernandez, *Dans la main de l'ange*, Paris: Grasset & Fasquelle 1982/France Loisirs 1983, hier: S. 88–89 (über Pasolinis Weimar-Reise 1942).
Ramon Fernandez, »Ce que je viens de voir en Allemagne«, in: *Paris-soir*, 5. November 1941, S. 1, 3.
— »A travers l'Allemagne«, in: *La Gerbe*, 6. November 1941, S. 1, 8.
— »Le congrès de Weimar«, in: *Comœdia*, 22. November 1941, S. 9.
Svend Fleuron, »Ich sah Deutschland«, übersetzt von Thyra Dohrenburg, in: *Europäische Literatur* 1:1 (Mai 1942), S. 2–4, 9.
André Fraigneau, »›Iphigénie‹ à Weimar«, in: *Comœdia*, 8. November 1941, S. 9.
— »›Faust‹ à Berlin«, in: *Comœdia*, 15. November 1941, S. 9.
— »Croquis de voyage d'Abel Bonnard«, in: *Je suis partout*, 25. April 1942, S. 6.
Matthieu Galey, *Journal 1953–1973*, Paris: Grasset 1987, hier insbesondere zur Reise von 1941: S. 166–167 (13. März 1959), S. 169 (23. April 1959), S. 175 (7. August 1959), S. 223 (30. Juli 1961); zur Begegnung mit Jean Genet 1941/1942: S. 236 (26. Januar 1962); zu den antisemitischen Artikeln: S. 254 (20. Januar 1963).

— *Journal 1974–1986*, Paris: Grasset 1989, hier insbesondere: S. 162 (26. Februar 1981), S. 163 (8. März 1981), S. 204 (April 1982).
Jean Genet, *Journal du voleur* (1948), Paris: Gallimard 1949, S. 138–139.
— *Pompes funèbres* (1947), Paris: Gallimard 1993, S. 165.
Joseph Goebbels, *Die Tagebücher*, herausgegeben von Elke Fröhlich, Teil II (Diktate 1941–1945), Band 2 (Oktober–Dezember 1941), München: K. G. Saur 1996, S. 163 (23. Oktober 1941), S. 189 (27. Oktober 1941).
Grieben Reiseführer Berlin und Umgebung. Kleine Ausgabe mit Angaben für Autofahrer, Berlin: Grieben 1941 (73. Auflage).
Jean Guéhenno, *Journal des années noires. 1940–1944*, Paris: Gallimard 1947.
Gerhard Heller, *Un Allemand à Paris*, Paris: Seuil 1981, insbesondere: S. 67–82 (»L'amitié de Marcel Jouhandeau«), S. 83–95 (»Les rencontres européennes de Weimar«).
— *In einem besetzten Land. NS-Kulturpolitik in Frankreich. Erinnerungen 1940–1944*, unter Mitarbeit von Jean Grand, Einleitung Hanns Grössel, übersetzt von Annette Lallemand-Rietkötter, Köln: Kiepenheuer & Witsch 1982, insbesondere: S. 89–105 (»Meine Freundschaft mit Marcel Jouhandeau«), S. 106–120 (»Die europäischen Treffen in Weimar«).
Meinrad Inglin, »Mißglückte Reise durch Deutschland«, in: *Schweizer Monatshefte* 43:3 (Juni 1963), S. 246–261.
Christopher Isherwood, *Goodbye to Berlin*, London: The Hogarth Press 1939.
Élise Jouhandeau, *Joies et douleurs d'une belle excentrique*, 3 Bände, Paris: Flammarion 1952, 1954, 1960.
Ernst Jünger, Tagebücher, 28. März 1942, 4. März 1943, 11. März 1943, 14. März 1943, 20. März 1943, 23. April 1943, 8. Mai 1943, 6. Juli 1943, 20. Juli 1943, 10. August 1943, 21. August 1943, 27. August 1943, 7. September 1943, 9. September 1943, 10. September 1943, 14. September 1943, 4. Oktober 1943, 29. Dezember 1943, 20. Januar 1944, 9. März 1944, 29. März 1944, 4. Mai 1944, 8. Juni 1944,

21. Juni 1968, 7. Dezember 1970, 27. Mai 1971, 3. Juni 1971, 24. Dezember 1971, 5. November 1972, 2. Oktober 1975, 16. September 1978, 17. September 1978, 4. Januar 1979, 28. Juni 1979, 5. Juli 1979, 27. Juli 1979, 2. Oktober 1979, 2. April 1980, 14. Februar 1982, 29. März 1983, 6. März 1988, 17. März 1990, 23. März 1993, 20. Mai 1994. In: *Strahlungen*, Tübingen Heliopolis 1949; *Das erste Pariser Tagebuch* (*Strahlungen I*, *Sämtliche Werke*, Band 2, Stuttgart: Klett-Cotta 1979), *Das zweite Pariser Tagebuch* (*Strahlungen II*, *Sämtliche Werke*, Band 3, Stuttgart: Klett-Cotta 1979), *Siebzig verweht I* (*Strahlungen III*, *Sämtliche Werke*, Band 4, Stuttgart: Klett-Cotta 1982), *Siebzig verweht II* (*Strahlungen IV*, *Sämtliche Werke*, Band 5, Stuttgart: Klett-Cotta 1982), *Siebzig verweht III* (Stuttgart: Klett-Cotta 1993), *Siebzig verweht IV* (Stuttgart: Klett-Cotta 1995), *Siebzig verweht V* (Stuttgart: Klett-Cotta 1997).

John F. Kennedy, *Das geheime Tagebuch, Europa 1937*. Erstmals zusammen mit dem Reisetagebuch von Lem Billings herausgegeben von Oliver Lubrich, übersetzt von Carina Tessari, Wien: DVB 2021.

Arvi Kivimaa, »Finnische Betrachtung«, übersetzt von Reimar von Bonin, in: *Europäische Literatur* 1:4 (August 1942), S. 7–8.

— *Eurooppalainen Veljeskunta: Runoilijamatka halki Saksan*, Helsinki: Otava 1942.

— *Europäische Dichterreise durch Deutschland: Reiseeindrücke eines finnischen Schriftstellers in Deutschland* [übersetzt von Reimar von Bonin], Berlin/Wien/Leipzig: Karl H. Bischoff 1944.

Oliver Lubrich (Herausgeber), *Reisen ins Reich, 1933 bis 1945. Ausländische Autoren berichten aus Deutschland*, Frankfurt: Die Andere Bibliothek 2004.

— *Berichte aus der Abwurfzone. Ausländer erleben den Bombenkrieg in Deutschland, 1939 bis 1945*, Frankfurt: Die Andere Bibliothek 2007.

Thomas Mann, *Deutsche Hörer! Radiosendungen nach Deutschland aus*

den Jahren 1940–1945, Frankfurt: S. Fischer 2013 [1987], S. 71–75 (August 1942).
József Nyírő, »Blick auf das kämpfende Deutschland«, in: *Europäische Literatur* 1:2 (Juni 1942), S. 2–3.
Pier Paolo Pasolini, »Cultura italiana e cultura europea a Weimar«, in: *Architrave*, 31. August 1942, S. 5.
Roger Peyrefitte, *Les juifs*, Paris: Flammarion 1965.
Lucien Rebatet, »Mozart et le génie allemand«, in: *Deutschland-Frankreich. Ludwigsburger Beiträge zum Problem der deutsch-französischen Beziehungen* 1:2 (1942), S. 141–145.
Jean-Paul Sartre, *Les carnets de la drôle de guerre. Novembre 1939 – Mars 1940*, Paris: Gallimard 1983, S. 224–230 (Eintrag vom 1. Februar 1940), S. 338–340 (Eintrag vom 28. Februar 1940), S. 345 (Eintrag vom 29. Februar 1940).
— *Saint Genet, comédien et martyr*, Paris: Gallimard 1988 [1952].
William L. Shirer, *Berlin Diary. The Journal of a Foreign Correspondent, 1934–1941*, New York: Alfred A. Knopf 1941.
Georges Simenon, »Europe 33. La génération du désordre«, in: *Voilà* 3:109, 22. April 1933, S. 10–11.
Lörinc Szabó, »Abschied von Weimar. Aus meinem Tagebuch«, in: *Ungarn* 3 (Dezember 1942), S. 716–719.
— »Um Goethes Gartenhaus. Aus meinem Weimarer Tagebuch«, in: *Ungarn* 4 (1943), S. 101–105.
— »Majestätisches Landschaftsidyll«, übersetzt von László Hofmann, in: *Europäische Literatur* 1:8 (Dezember 1942), S. 7–8.
André Thérive (Roger Puthoste), *L'envers du décor 1940–1944*, Paris: Éditions de la clé d'or 1948, S. 144–150.
— »Les leçons de Weimar«, in: *Comœdia*, 24. Oktober 1942, S. 7.
Thomas Wolfe, »Dark in the Forest, Strange as Time«, in: *Scribner's Magazine* 96, November 1934, S. 273–278.
— »I Have a Thing to Tell You (Nun Will Ich Ihnen 'Was Sagen)«, in: *New Republic* 90:1162, 1163, 1164 (10., 17., 24. März 1937), S. 132–136, 159–164, 202–207.

— »Oktoberfest«, in: *Scribner's Magazine* 101, Juni 1937, S. 26–31.
— *Eine Deutschlandreise in sechs Etappen. Literarische Zeitbilder 1926–1936*, herausgegeben von Oliver Lubrich, übersetzt von Renate Haen, Barbara von Treskow und Irma Wehrli, München: Manesse 2020.

Forschung zu Marcel Jouhandeau und zur Deutschland-Reise von 1941

Anonym, »Il ne me fascine plus«, in: *Disjecta membra* [online], 30. April 2013.
»Avertissement de l'éditeur«, in: Marcel Jouhandeau, *Le Voyage secret*, Paris: Arléa 1988, S. 7–8.
Jan-Pieter Barbian, *Literaturpolitik im »Dritten Reich«. Institutionen, Kompetenzen, Betätigungsfelder*, Frankfurt: Buchhändler-Vereinigung 1993, S. 187–193; München: dtv 1995, S. 436–450 (»Die ›Weimarer Dichtertreffen‹ und die Gründung der ›Europäischen Schriftstellervereinigung‹«).
Laurence Bertrand Dorléac, *L'Art de la défaite 1940–1944*, Paris: Seuil 1993, S. 74–83, 313.
Barbara Berzel, *Die französische Literatur im Zeichen von Kollaboration und Faschismus. Alphonse de Châteaubriant, Robert Brasillach und Jacques Chardonne*, Tübingen: Gunter Narr 2012, S. 49–53, 243–247, 313–323.
François Broche und Jean-François Muracciole, *Histoire de la Collaboration 1940–1945*, Paris: Tallandier 2021 [2017], hier insbesondere: S. 356–367 (Anmerkungen: S. 685–686).
Philippe Burrin, *La France à l'heure allemande, 1940–1944*, Paris: Seuil 1995, S. 346–361 (Anmerkungen: S. 526–530) (»Les muses enrôlées«).
José Cabanis, *Jouhandeau*, Paris: Gallimard 1959, S. 103 (*Le Péril juif*), S. 106 (*Le Voyage secret*).

Jacques Cantier, »Quatre diaristes et un salon: les jeudis de Florence Gould dans les journaux de Paul Léautaud, Ernst Jünger, Jules Roy et Mathieu Galey«, in: *littératures* 82 (2020), S. 175–187.

Carnets Marcel Jouhandeau I, mit Beiträgen von Amédée Carriat, François Chapon, Jacques Jourquin Louvière, Friedhelm Kemp, Castor Seibel und Jean-Luc Berthommier, Paris: Tallandier 1988.

— hier: Amédée Carriat, »Repères biographiques«, S. 63–72.

François Dufay, *Le voyage d'automne. Octobre 1941, des écrivains français en Allemagne. Récit*, Paris: Plon 2000.

— *Die Herbstreise. Französische Schriftsteller im Oktober 1941 in Deutschland. Ein Bericht*, übersetzt von Tobias Scheffel, Berlin: Siedler 2001.

Didier Eribon, »L'abjecté abjecteur. Quelques remarques sur l'antisémitisme gay des années 1930 à nos jours«, in: *Hérésies. Essais sur la théorie de la sexualité*, Paris: Arthème Fayard 2003, S. 169–206, hier insbesondere: S. 175–188, 200–206.

— *Une morale du minoritaire. Variations sur un thème de Jean Genet*, Paris: Flammarion 2015 [2001], insbesondere: S. 117–136 (»Théologie des insectes«).

Claude Foucart, »Gide face à l'œuvre de Jouhandeau. L'attrait d'une ›réalité particulière‹«, in: *Bulletin des Amis d'André Gide* 150 (April 2006), S. 243–266, hier insbesondere: S. 266.

Judith Leona Greenberg, *L'éthique de Marcel Jouhandeau*, New York University: Dissertation 1970 (Mikrofilm 1971).

Frank-Rutger Hausmann, *»Dichte, Dichter, tage nicht!« Die Europäische Schriftsteller-Vereinigung in Weimar 1941–1948*, Frankfurt: Vittorio Klostermann 2004.

Pierre-Marie Héron, »Jouhandeau visité. Les ana dans les récits de Jean Genet«, in: *L'Infini* 51 (Herbst 1995), S. 109–127.

— *Marcel Jouhandeau: l'orgueil de l'Homme*, Limoges: Presses Universitaires de Limoges 2009.

Marcel Jouhandeau. Actes du colloque centenaire Marcel Jouhandeau, Guéret, 15–16 octobre 1989, Limoges: Presses de l'Université de Limoges et du Limousin 1992.

— hier: »Bibliographie. Œuvres de Marcel Jouhandeau«, S. 205–211.

Alice Kaplan, *The Collaborator. The Trial and Execution of Robert Brasillach*, Chicago: University of Chicago Press 2000, S. 153–154 (Anmerkung: S. 270).

Friedhelm Kemp, Nachworte, in: *Gesammelte Werke in Einzelausgaben*, herausgegeben von Friedhelm Kemp, 5 Bände, Reinbek: Rowohlt 1964–1977, Band 1, S. 393–404; Band 2, S. 415–420; Band 3, S. 381–386; Band 4, S. 377–384; Band 5, S. 340–354.

— »Marcel Jouhandeau en Allemagne«, in: *Carnets Marcel Jouhandeau I*, mit Beiträgen von Amédée Carriat, François Chapon, Jacques Jourquin Louvière, Friedhelm Kemp, Castor Seibel und Jean-Luc Berthommier, Paris: Tallandier 1988, S. 43–50.

Dominique Lormier, *Les années interdites. Auteurs, journalistes et artistes dans la Collaboration*, Paris: Éditions de l'Archipel 2018, S. 117–119.

Oliver Lubrich, »Marcel Jouhandeau (1941)«, in: »En el corazón de las tinieblas: Escritores viajeros en la Alemania nazi«, übersetzt von Aníbal Campos, in: *Revista de Occidente* 266–267 (2003), S. 158–185, hier: S. 178–183.

— »Comparative Literature – in, from and beyond Germany«, in: *Comparative Critical Studies* 3:1–2 (2006), S. 47–67, hier: S. 51–53.

— Besprechung von Frank Rutger Hausmann, *»Dichte, Dichter, tage nicht!« Die Europäische Schriftsteller-Vereinigung in Weimar 1941–1948*, Frankfurt: Vittorio Klostermann 2004, in: *arcadia* 40:2 (2005), S. 453–460.

— Besprechung von François Dufay, *Le voyage d'automne. Octobre 1941, des écrivains français en Allemagne. Récit*, Paris: Plon 2000; *Die Herbstreise. Französische Schriftsteller im Oktober 1941 in Deutschland. Ein Bericht*, übersetzt von Tobias Scheffel, Berlin: Siedler 2001, in: *arcadia* 38:2 (2003), S. 445–449.

Benjamin Martin, *The Nazi-Fascist New Order for European Culture*, Cambridge (USA): Harvard University Press 2016, hier insbesondere: S. 224–262 (»The Uses and Disadvantages of a *völkisch* European Culture«) (Anmerkungen: S. 334–344).

Wolfgang Matz, *Frankreich gegen Frankreich. Die Schriftsteller zwischen Literatur und Ideologie*, Göttingen: Wallstein 2017, S. 81–121 (Anmerkungen: S. 232–233).

Jeffrey Mehlman, »Un tandem de pouvoir dans Paris occupé«, in: *Revue d'Histoire de la Shoah* 198 (2013), S. 273–284.

Geert Missotten, »L'écriture et la vie dans l'instant: Marcel Jouhandeau et Don Giovanni«, in: *Revue belge de philologie et d'histoire* 76:3 (1998), S. 745–754.

— »L'écriture spéculaire dans les romans donjuanesques de Marcel Jouhandeau, homme sans nom«, in: *Nottingham French Studies* 38:1 (1999), S. 24–34.

Jacques de Ricaumont, »Le dernier Jouhandeau«, in: *Nouvelle Revue des Deux Mondes*, Mai 1979, S. 374–383.

Henri Rode, *Marcel Jouhandeau et ses personnages*, Paris: Frédéric Chambriand 1950, S. 104.

— *Un mois chez Marcel Jouhandeau*, Paris: Le Cherche Midi 1979, S. 242–245.

Jacques Roussillat, *Marcel Jouhandeau. Le Diable de Chaminadour*, Paris: Bartillat 2003, S. 219–251.

— »De la nécessité d'une édition complète de Marcel Jouhandeau«, in: *Commentaire* 2:102 (2003), S. 434–440.

Jacques Ruffié, »Du coté de chez Jouhandeau: Quelques jalons biographiques sur Jouhandeau et les siens«, in: *Marcel Jouhandeau. Actes du colloque centenaire Marcel Jouhandeau, Guéret, 15–16 octobre 1989*, Limoges: Presses de l'Université de Limoges et du Limousin 1992, S. 187–204, hier: S. 200–201 (1940–1944).

Alexandre Saintin, *Le vertige nazi. Voyages des intellectuels français dans l'Allemagne national-socialiste*, Paris: Passés composés 2022, S. 197–205 (Anmerkungen: S. 290–291).

Frédéric Sallée, *Voyager en terre brune (1933–1939): la construction d'une autre image du national-socialisme allemand*, in: HAL/Histoire

2006, dumas-01144642, hier insbesondere: S. 48–52 (»La réception, point névralgique du voyage?«), S. 145–147 (»Conclusion«).
Gisèle Sapiro, *La Guerre des écrivains, 1940–1953*, Paris: Fayard 1999.
Wolf Scheller, »Das trübe Licht der schwarzen Jahre. Französische Literaten im Dienst der Nazi-Propaganda«, in: *Neue Gesellschaft/Frankfurter Hefte* 1–2 (2014), S. 82–85.
Ornella Tajani, »Autobiographie d'un pécheur habitué. Sur Marcel Jouhandeau«, in: *Revue italienne d'études françaises* 6 (2016), S. 1–12.
Tatjana Noemi Tömmel, »Himmel? Hölle? Purgatorium? – Marcel Jouhandeaus Verhältnis zum Nationalsozialismus im Spiegel seiner Erzählung *Le Voyage secret*«, Hausarbeit im Seminar von Oliver Lubrich zur Reiseliteratur über Nazi-Deutschland im Wintersemester 2003/2004 am Institut für Allgemeine und Vergleichende Literaturwissenschaft der Freien Universität Berlin.
Isabelle Vacher, *Le regard fasciné d'écrivains français sur l'Allemagne (XIXe et XXe siècles)*, Universität Passau: Dissertation 2008, S. 245–253, 271–301.

Lexikon-Einträge und Überblicks-Darstellungen

Dictionnaire des écrivains de langue française, herausgegeben von Jean-Pierre de Beaumarchais, Daniel Couty und Alain Rey, Paris: Larousse 2001 [1984], Band 1 (A–L), S. 909–911 (»Jouhandeau Marcel«).
Dictionnaire des grandes œuvres de la littérature française, herausgegeben von Henri Mitterand, Paris: Dictionnaires Le Robert 1992, S. 92–93 (»*Chaminadour*«), S. 113 (»*Chroniques maritales*«), S. 526–527 (»*Prudence Hautechaume*«).
Dictionnaire des intellectuels français, herausgegeben von Jacques Juil-

lard und Michel Winock, Paris: Seuil 2009, S. 763–764 (Laurent Villate, »Jouhandeau (Marcel)«).
Dictionnaire des littératures de langue française, herausgegeben von Jean-Pierre de Beaumarchais, Daniel Couty und Alain Rey, Paris: Bordas 1994, Band 2 (E–L), S. 1214–1216 (»Jouhandeau Marcel«).
Dictionnaire des œuvres littéraires de langue française, herausgegeben von Jean-Pierre de Beaumarchais und Daniel Couty, Paris: Bordas 1994, Band 1 (A–C), S. 285 (»*Chaminadour*«), S. 347 (»*Chroniques maritales* et *Nouvelles Chroniques maritales*«); Band 2 (D–J), S. 668 (»*Essai sur moi-même*«); Band 3 (K–P), S. 1532 (»*Pincengrain (les)*«).
Dictionnaire historique, thématique et technique des Littératures. Littératures française et étrangères, anciennes et modernes, herausgegeben von Jacques Demougin, Paris: Larousse 1990, Band 1, S. 805–806 (»Jouhandeau (Marcel)«).
Winfried Engler, *Lexikon der französischen Literatur*, Stuttgart: Alfred Kröner 1994 (3. Auflage), S. 518–519 (»Jouhandeau, Marcel«).
Französische Literaturgeschichte, herausgegeben von Jürgen Grimm und Susanne Hartwig, Stuttgart: J.B. Metzler 2015, S. 328.
Kindlers Neues Literatur Lexikon, herausgegeben von Walter Jens, 20 Bände, München: Kindler 1988–1992, Einträge zu Marcel Jouhandeau in: Band 8 (1990), S. 889–894.
Munzinger Personen – Internationales Biographisches Archiv, www.munzinger.de/document/00000008579 (»Jouhandeau, Marcel«).
The Gay and Lesbian Literary Heritage, herausgegeben von Claude J. Summers, New York/London: Routledge 2002, S. 281–282 (Beitrag von Melanie Hawthorne).

Weitere Forschung

Hannah Arendt, *Eichmann in Jerusalem. A Report on the Banality of Evil* (1963), New York: Penguin 1994.

Walter Benjamin, »Zum gegenwärtigen gesellschaftlichen Standort des französischen Schriftstellers«, in: *Gesammelte Schriften*, herausgegeben von Rolf Tiedemann und Hermann Schweppenhäuser, Frankfurt: Suhrkamp 1999, Band II. 2, S. 776–803.

Rudy Koshar, *German Travel Cultures*, Oxford: Berg 2000.

Oliver Lubrich, »Reisen in Diktaturen. Internationale Autoren im ›Dritten Reich‹«, in: *Reiseliteratur der Moderne und Postmoderne*, herausgegeben von Michaela Holdenried, Alexander Honold und Stefan Hermes, Berlin: Erich Schmidt 2017, S. 35–47.

Kristin Semmens, *Seeing Hitler's Germany. Tourism in the Third Reich*, New York: Palgrave 2005.

Susan Sontag, »Fascinating Fascism« (1974), in: *Under the Sign of Saturn*, New York: Anchor 1991, S. 71–105.

Film

Maurice Huelin, *Les Jouhandeau* (Dokumentation), Schweiz 1963.

Abbildungsverzeichnis

Zeittafel Marcel Jouhandeau

1888 (26. Juli)	Geburt in Guéret
1908	Studium in Paris
1912	Suizidversuch
1913–1949	Lateinlehrer am Collège de Saint-Jean in Passy
1914	Verbrennung der eigenen Manuskripte
1914–1918	Erster Weltkrieg
1915–1918	Hilfsdienst in Guéret
1920	Die Novelle »Les Pincengrain« erscheint in der *Nouvelle Revue Française*.
1921	Erste Buchveröffentlichung: *La Jeunesse de Théophile*
1926	*Monsieur Godeau intime*
1927	*Prudence Hautechaume*
1929	Heirat mit der Tänzerin Élisabeth Toulemon alias Caryathis, genannt Élise
1930–1932	Drei Novellen erscheinen in der Übersetzung von Walter Benjamin.
1933	*Monsieur Godeau marié*
1934	*Chaminadour*
1936–1937	Léon Blum ist erster sozialistischer Premierminister Frankreichs.
1936–1937	Antisemitische Publizistik
1937	*Le Péril juif*
1938	*Chroniques maritales*
1939	*De l'Abjection* erscheint anonym.
1939–1945	Zweiter Weltkrieg
1940–1944	Deutsche Besatzung

Oktober 1941 – Deutschland-Reise

4. 10.	Abreise in Paris
5. 10.	Köln
	Bonn – Beethovens Geburtshaus
6. 10.	Bingen – Stefan Georges Haus
7. 10.	Mainz – Gutenberg-Museum
8. 10.	Frankfurt – Goethes Geburtshaus
9. 10.	Heidelberg – Schloss
10. 10.	Baden-Baden/Straßburg
11.–12. 10.	Freiburg
13. 10.	Konstanz, Meersburg, Lindau
14.–15. 10.	München
16. 10.	Salzburg – *Figaros Hochzeit*
17.–21. 10.	Wien – Empfang in der Hofburg
21.–22. 10.	Berlin – Besichtigung der Neuen Reichskanzlei
	Begegnung mit Joseph Goebbels
23.–26. 10.	Weimar – Goethes Haus u. a.
	24. 10. – Schriftstellerkongress
	25. 10. – Goebbels in Weimar
	26. 10. – Zeremonie an den Gräbern von Goethe und Schiller
27. 10.	Rückreise nach Paris

1941 (Dezember)	Jouhandeaus Bericht von der Deutschlandreise (»Témoignage«) erscheint in der *Nouvelle Revue Française*.
1942	Begegnung mit Ernst Jünger im Salon von Florence Gould in Paris
1944	Befreiung von der deutschen Besatzung (*Libération*)
	Jouhandeau steht auf der ›Schwarzen Liste‹ des Comité national des écrivains.

	Verhaftung und Freilassung
	Chronique d'une passion
1945	Protektion durch Jean Paulhan
1946	*Essai sur moi-même*
1949	*Le Voyage secret* (»Édition confidentielle«)
1953	Der Vatikan setzt Jouhandeau auf den Index.
1961–1982	*Journaliers* I–XXVIII (1957–1974)
1979 (7. April)	Tod in Rueil-Malmaison bei Paris
1980	*Journal sous l'Occupation*
1988	*Le Voyage secret / Écrits secrets*
seit 2006	»Rencontres de Chaminadour« in Guéret

Kurzbiographien

Marcel Jouhandeau (1888–1979) beschrieb das abgründige Leben in der französischen Provinz (*Chaminadour*, 1934) und seine turbulente Ehe mit einer Tänzerin in Paris (*Chroniques maritales*, 1938). Er bekannte sich zur Homosexualität (*De l'Abjection*, 1939; *Chronique d'une passion*, 1944) und verfasste antisemitische Traktate (*Le Péril juif*, 1937). Walter Benjamin übersetzte seine Erzählungen, Ernst Jünger wurde während der deutschen Besatzung sein Freund. Jean-Paul Sartre verglich ihn mit Jean Genet. Viele Jahre arbeitete Jouhandeau als Lateinlehrer. Zahlreiche Werke von ihm erschienen im renommierten Verlag Gallimard. Im Herbst 1941 nahm Marcel Jouhandeau an einer organisierten Rundreise durch Nazi-Deutschland teil. Sein poetischer Roman *Le Voyage secret* (1949), in dem er seine Kollaboration zugleich verdrängt und gesteht, erscheint hier erstmals in deutscher Übersetzung und erstmals zusammen mit dem bislang unveröffentlichten Reisetagebuch, das ihm zugrunde liegt.

Der Herausgeber **Oliver Lubrich** ist Professor für Komparatistik an der Universität Bern. Er schrieb über *Shakespeares Selbstdekonstruktion* und *Postkoloniale Poetiken*. Mit Primatologinnen und Ethnologen untersuchte er *Die Affekte der Forscher*, mit Neurowissenschaftlern unternahm er Labor-Studien zur experimentellen Rhetorik. Er gab zahlreiche Werke von Alexander von Humboldt heraus, unter anderem *Zentral-Asien* und die *Sämtlichen Schriften*. In *Reisen ins Reich, 1933–1945* und *Berichte* *aus der Abwurfzone, 1939–1945* dokumentierte er die Zeugnisse internationaler Autoren aus Nazi-Deutschland, zum Beispiel von Max Frisch, Virginia Woolf, Jean Genet und Samuel Beckett. Zu seinen neuesten Veröffentlichungen zählen *Thomas Wolfe – Eine Deutschlandreise* (Manesse 2020) und *Humboldt oder Wie das Reisen das Denken verändert* (Matthes & Seitz 2022). Im DVB Verlag gab Oliver Lubrich zuletzt *Das geheime Tagebuch* von John F. Kennedy aus dem Jahr 1937 heraus (2021).

Dank

Der Herausgeber dankt Hugues Bachelot, dem Inhaber der Rechte am Werk Marcel Jouhandeaus, für die Erlaubnis, *Le Voyage secret* zu übersetzen und auch das Manuskript sowie das Typoskript des Reisetagebuches einzusehen, zu reproduzieren und auf Deutsch herauszubringen; Daniela Scancella und Elisa Martos vom Institut mémoires de l'édition contemporaine (IMEC) in der Abbaye d'Ardenne bei Caen für den Zugang zum Manuskript und für dessen Reproduktion; Isabelle Diu, Christophe Langlois und Paul Cougnard von der Bibliothèque littéraire Jacques Doucet in Paris für den Zugang zum Typoskript; Mathias Énard für seine freundschaftliche Unterstützung; Frank-Rutger Hausmann für seine kollegiale Hilfsbereitschaft; Stephanie Piller in Bern für ihre Mitwirkung bei den Literaturrecherchen; Corinna Fiedler für ihr ebenso präzises wie strenges Lektorat, das bei der Übersetzung von Jouhandeaus schwierigen Texten überaus hilfreich war; Thomas Nehrlich für seine kritische Lektüre; und Albert Eibl als Verleger in Wien für sein kreatives Engagement für die vorliegende Ausgabe.

Kolophon

Marcel Jouhandeaus Roman *Le Voyage secret* (1949), *Die geheime Reise*, wird hier erstmals in deutscher Sprache herausgegeben – und erstmals zusammen mit dem Tagebuch, das ihm zugrunde liegt. Auf seiner Reise durch Deutschland im Herbst 1941 führte Jouhandeau ein *Carnet*, das er selbst nie veröffentlichte. Das Original befindet sich als Manuskript im Institut mémoires de l'édition contemporaine (IMEC) in der Abbaye d'Ardenne in Saint-Germain-la-Blanche-Herbe bei Caen in der Normandie und als Typoskript in der Bibliothèque littéraire Jacques Doucet am Panthéon in Paris. Nach dieser vom Autor selbst hergestellten Abschrift wird es hier in deutscher Übersetzung veröffentlicht. Ausgewählte Abbildungen dokumentieren die organisierte Reise und Jouhandeaus historische Textzeugnisse. Die Übersetzung besorgte Oliver Lubrich. Das Lektorat übernahm Corinna Fiedler. Die Buchgestaltung lag in den Händen von Lukas Spreitzer und Kevin Mitrega.